华为方法

冷湖◎著

中国致公出版社
——China Zhigong Press——

图书在版编目（CIP）数据

华为方法 / 冷湖著 . -- 北京：中国致公出版社，2018
　ISBN 978-7-5145-1295-3

　Ⅰ . ①华… Ⅱ . ①冷… Ⅲ . ①通信企业—企业经营管理—深圳—通俗读物 Ⅳ . ① F632.765.3-49

　中国版本图书馆 CIP 数据核字 (2018) 第 120258 号

华为方法
冷湖　著

责任编辑：张洪雪
责任印制：岳　珍

出版发行：	中国致公出版社
地　　址：	北京市海淀区翠微路 2 号院科贸楼
邮　　编：	100036
电　　话：	010-85869872（发行部）
经　　销：	全国新华书店
印　　刷：	北京旭丰源印刷技术有限公司
开　　本：	787mm×1092mm　1/16
印　　张：	16
字　　数：	249 千字
版　　次：	2018 年 9 月第 1 版　2018 年 9 月第 1 次印刷
定　　价：	45.00 元

版权所有，未经书面许可，不得转载、复制、翻印，违者必究。

序 言

  凡是成功的国际化企业，可以说90%都拥有属于自己的核心技术，95%都拥有一套体系完整的全球化标准流程，88%则拥有良好的外部合作关系。简单地说，一个成功的国际化企业需要具备核心的技术、优秀的管理以及良好的口碑。只有以这三种核心能力做支撑，才能建立起强大的国际品牌。目前，在中国，已经有一部分企业具备了这些能力，它们在国际化的道路上越走越远，其中非常值得一提的便是华为。

  现在，华为的产品已经遍布五大洲、一百多个国家，在全球各地开办了几十家分公司，雇用了上千名来自不同国家的员工……华为已经成为一个真正来自中国本土的跨国型企业。华为，不再是中国的华为，而是世界的华为。

  相关研究表明，国际化的企业有60%最后都不得成功，究其原因，是因为它每前进一步都会冒着巨大风险，而原地踏步又会被市场迅速淘汰。在全球经济一体化的今天，一个国际化的企业，只有在发展中完善并提升自己，才能在残酷的国际竞争中存活下来。

  任正非曾说，经营企业没有可以松懈的时候，危机时刻伴随着企业的成长。企业，不是在危机中成熟，就是在危机中死亡。

  一个成功的企业并非不犯错误，而是在犯错误之后懂得及时总结并吸取经验教训。华为也是如此，虽然在国际化的道路上也曾磕磕绊绊，但华为敢于变革、勇于开拓、乐于自省、勤于努力，磨炼出了强大的企业自愈能力。通过这种自我纠错和自我修复，华为展现出了一种卓越的商业精神。

在由小渐大、由弱变强的发展历程上，华为始终坚持"以客户为中心""以奋斗者为本"以及"长期坚持艰苦奋斗"的经营哲学。经过将近三十年的努力，华为以"狼道精神"为成长逻辑，最终发展为改变世界经济格局的中国力量。华为的崛起，引起了国内外的广泛关注，很多人试图从不同角度去窥探华为成功的秘诀，去破解华为的"基因密码"。

其实，华为并没有多么神秘的成功绝学，它始终依靠的就是一种奋斗者的精神。正如任正非所说，他最佩服的勇士是蜘蛛，不管狂风暴雨，不论网破了多少次，仍然勤奋，不畏任何艰难困苦，不屈不挠；最欣赏的是蜜蜂，每天埋头苦干，不会因为缺少别人的赞美而少产一点儿蜂蜜。华为正是依靠这种不屈不挠的斗志才获得今天的辉煌。

从华为成立的那一天起，每一点成就的积累，每一块市场的占领，凭借的都是一代又一代华为人艰苦卓绝的奋斗。华为从弱不禁风的树苗成长为一棵参天大树，依靠的正是创业者的意志、奋斗者的精神、变革者的胆识以及开拓者的勇气。

华为树立了"以客户为中心"的企业核心价值观，获得了不断成长的原生动力，并将"客户至上"这一准则融入了企业的文化基因当中，赢得了市场和用户的尊重和信赖。天道酬勤，华为在未来的发展道路上必将再创佳绩，必将在国际市场上升级为"中国制造"的最佳代言人。

目 录

Part 1
华为是怎样运营的

任正非说：领袖应该是务虚主义者 /02
带着第七感工作 /06
葛朗台的成本控制学 /11
罗马方阵和用兵管理 /15
学好世界语 /20
打不过就上专利 /24
请放大你的狙击镜 /29

Part 2
市场策略引发生产裂变

别把对手斩尽杀绝 /34
重量拳手不打草量菜鸟 /38
不加速就要被恶意并线 /43
香奈儿不谈性价比 /49
先活下来再思考明天 /54
笨鸟死在笼子里 /58
如何在全球做生意 /62

Part 3
战略：征服星辰大海的魄力

盯好定期存款 /68

打开导航 /73

蛋和鸡都放在一个篮子 /79

凯恩斯怎么看 /83

分一半口粮给队友 /86

B 计划和 C 市场 /90

针尖吊打麦芒 /94

Part 4
工作方法胜过工作能力

高层修仙，基层练武 /100

不找借口找方法 /105

专注 + 执行 = 成功 /109

第二十五条军规 /114

敢不敢换掉习惯手 /118

你可以选择任意道具 /122

少谈星座，多谈巴纳姆 /126

坚持黑人和长期自黑 /131

Part 5

强大的团队怎么带

你的阵地你做主 /138

你不是超人 /142

把大家的钱都放在一起 /146

给他们来一打"魔鬼训练" /150

想当厨子的裁缝才是好司机 /154

"国王之手"养成手册 /158

精兵卫国 /162

Part 6

套路客户的黄金法则

问问还要点什么 /168

客户翻脸,企业饿死 /173

假如你是产品经理 /178

论星级服务和价值链的关系 /182

别那么势利眼 /186

左脑探需求,右脑玩包装 /190

把华为送给加西亚 /194

Part 7
墨守成规是企业的墓志铭

给找死的兔子一个理由 /200
交给市场验货 /205
为什么不试试"偷窥"客户 /209
开启上帝视角 /213
警惕"创新综合征" /217
反人类是一种病 /222

Part 8
企业文化,像图腾一样崇拜

信狼道,得永生 /228
价值连城的塔西罗 /232
麻烦遵守下契约精神 /236
如何复制粘贴一个奋斗者 /240
谁是下一个米开朗琪罗 /244

Part 1

华为是怎样运营的

任正非说：领袖应该是务虚主义者

在金庸的《笑傲江湖》中，有一个关于华山剑宗和气宗相争的故事。据说当年《葵花宝典》被南少林所得，华山派两个师兄弟假借拜访南少林之名，悄悄看了《葵花宝典》，但由于时间紧迫，两人只好各记一半，结果回来一对发现对不上，又谁都不服谁，最后便按照各自的理解去练习，一个重气，一个重剑，渐渐演变成气宗和剑宗两大派。气宗以练气为主，练剑为辅；剑宗以练剑为主，练气为辅。气宗成长慢但后劲儿十足，剑宗成长快但后继乏力。

从表面上看，气宗和剑宗都是剑气兼修，然而两者侧重点不同，则体现了截然相反的世界观。换个角度看，剑宗和气宗之争，本质上是务虚和务实之争。

忽然想起任正非说过的一句话：领袖应该是务虚主义者。

这话不难理解。一个事必躬亲的人当不了领袖，因为他将主要精力都投入到了细枝末节的工作中，身陷琐碎小事而丢掉了大框架、大逻辑和大格局，累出了一身汗却没有起到领袖的作用。一个合格的领袖，应当在同一时期内坚持一个工作重心，这样才能统观全局，集中攻克难关，起到表率和领袖的作用。

任正非曾经在华为的战略务虚会上表示：允许有一小部分新生力量去颠覆性创新，探索性地"胡说八道"，想怎么颠覆都可以，但是要有边界。这就是华为式的务虚会。"胡说八道"不仅是创新的理论基础，也是务虚会上被鼓励的交流方式：决策层可以"异想天开"，管理层可以"口若悬河"，执行层更能"畅所欲言"。

近几年，华为在技术和产品研发方面，走出了一条追随创新的道路，发展到今天已经成为全球通信行业的领导者，这要归功于华为的科技思想研究群体。这些科学家站在金字塔的顶端，是科学研究领域登临峰顶的高人，他们将全球的新技术和新思想带回来，带到哪儿？带到华为的务虚会上。

在华为，请科学家在务虚会上喝喝咖啡聊聊天，被称为"吸收宇宙能量"，以对华为的未来进行前瞻。先务虚，再务实，这就是华为的气宗修炼之路。

现在很多企业流行开务虚会，却搞不清务虚会的真正意义，会开了不少，话说了很多，结果却离题万里、效率低下，活脱脱地把务虚会开成了"空虚会"，归根结底是没有认清务虚会的本质，也反映了企业目标管理能力的低下。

华为非常重视务虚会且对"务虚"有着自己的理解：执行一个计划前一定要保持理性，要对决策的必要性、可行性进行分析，要做好风险预案，保证决策的科学性、合理性和安全性……想要达到上述目的，事前必须来一场说开就开的务虚会。

那么问题来了，务虚会怎么开？先看看华为的三项准备工作：第一，会前要明确务虚会的整个流程和具体环节，切忌为了开会而开会，如果有其他可以替代务虚会功能的会议就不必召开；第二，会前要明确务虚会将对哪一项工作进行讨论，不要涉及无关项目，避免偏离主题，同时还要对务虚会涉及的内容进行关键部分的摘要，做好发言归纳的准备；第三，会前要规定务虚会的议题、参会人数、下次会议的时间以及议事日程等事项，以节约时间，高效地做好会务工作。

华为的务虚会规模不大，一般只有十几个人或者几十个人参加，会议地址从来不设在写字楼这种看似严肃的办公地，而是在风景优雅的旅游区，这样做是为了创造一种轻松和谐的氛围，避免参会人员紧张，让大家都能卸下包袱，直言不讳。

华为的务虚会一般要召开两天。第一天上午是"漫谈会"，气氛轻松，参会人员可以自由发挥，随意交流，进行开放式的头脑风暴。到了下午，"漫谈会"就变成了"聚焦会"，大家将讨论的重点放在务虚会的主题上，围绕这个议题可以和高层交流，可以保留自己的意见甚至可以和高层辩论。

经过第一天的两场小会，参会人员对彼此的态度和想法都摸透了，一些争议性的话题也被摆在了桌面上。到了第二天，务虚会才开始进入高潮阶段。参会人员讨论的范围进一步缩小，大家会对第一天谈到的具有代表性的观点进行深入讨论并形成会议纪要，然后将会议纪要下发到相关部门的管理层当中，听取他们的意见并收集有代表性的观点继续讨论，形成最终决议。

华为的务虚会和气宗的修炼速度有一拼：稳而不快，流程烦琐。然而正是这种步步为营的工作方法，才让务虚会的决议内容经得起推敲和考量。和那些一味追求"效率""速度"的企业不同，华为信奉气宗的"稳中求胜"，因为战略决策关乎方向，方向若是错误，速度越快就越容易翻车。

史铁生在谈到他的小说《务虚笔记》时说："虚者，虚无也，务虚者，思考虚无也，关心虚无也。务虚者与务实相对，与灵魂、精神、形而上、本质相关。"华为的务虚会也是和企业的灵魂、精神和本质相关，有了灵魂的饱满和精神的富足，才能拥有肉体的强健和行走的正确。

华为不仅重视务虚会，还建立了战略与客户常务委员会，围绕华为中长期的生存发展问题，对华为的战略与客户的相关议题进行指导，特别侧重于方向上的务虚，在组织上将华为的企业战略形成机制。从这个角度看，战略与客户常务委员会可以看成是务虚会的常设机构，它大大强化了华为的目标管理能力。

任正非说过："战略性的重大决策一定要慢，慢慢发酵。"换个角度看，企业作决策重在"平稳"，那种莽撞而为的激进主义和低头苦干的平庸主义，往往都难以达到预期的效果。一个企业没有高效的目标管理，没有精准的方案设计，没有深厚的理论支撑，只会让工作偏离方向，给企业带来损失。

务实和务虚的关系，如果按照《易经》思想可以这样解释：一阴一阳之为道。阴在阳之内，不在阳之对。所以企业的经营和管理必须虚实结合，阴阳平衡，才能获得持续的成功。比如做产品开发，要事先明确产品的核心卖点是什么、设计方案是否可行；做市场开发，要事先明确业务拓展的范围有多大，前期市场调研搜集的数据是否可靠……这一系列工作都需要务虚会来讨论和定夺，其重要性显而易见。

华为虽然是一个务实的企业，但也做了很多务虚的工作，没有务虚的工作，也就不会有今天的成就，任正非的讲话已经成为推动中国企业管理进步的精神大餐。华为的务虚会已经成为一些企业效仿和借鉴的目标，它给予人们的思考是：企业的决策者不仅需要具备敢于决断的魄力，更需要有善于深思的自省力。商场如战场，一个企业没有做好思想准备就奔赴前线，其结果只能是马革裹尸，留下一曲悲歌罢了。

带着第七感工作

很多人都知道，人类具有视觉、听觉、嗅觉、味觉、触觉五种感知能力，除此之外还有一种神秘莫测的"第六感"，借用佛家的术语则被称为"心觉"。然而在第六感之上还有第七感：时觉，即人类对时间的感觉，也就是我们经常所说的"时间感"。

时间感对任何一个人都具有非同寻常的意义，没有时间感你可能会上班迟到，没有时间感你可能会把炖好的菜放在炉灶上持续加热……由此，在时间感的概念之上又诞生了一个新名词：时间管理。一个懂得时间管理的人，才可能拥有成功的人生；一个善于运用时间管理的企业，才可能在市场竞争中占据主导地位。

那么，什么是时间管理？1930年，胡适在一次毕业典礼上给即将毕业的学生留下一句话：珍惜时间，不要抛弃学问。其实，时间管理探讨的是怎样减少时间的浪费，高效率地完成既定目标。

有这样一则关于时间管理的案例：一个名叫格里的人，在一家名叫威格利南方联营公司的企业里做了二十多年的总经理，这家公司是美国最成功的超级市场之一。由于业绩突出，格里获得了很多引以为傲的荣誉称号，于是有很多人试图从他身上学习到成功的秘诀，后来发现，格里的成功之道在于时间管理。他有着十分详细的工作流程记录，上面记录了很多具体的工作项目，它们编织成一张由时间节点组成的"大网"，帮助格里完成制订计划、组织管理、项目授权等多个环节的工作。他的时间管理理念得到了行业内的大部分人的认可。

像格里一样，华为人也非常偏爱第七感，当然这是客观环境逼迫出来的。从1987年成立公司以来，为了应对严酷的生存压力，华为人不得不形成强大的时间管理理念和相关手段。华为人在时间管理方面的建树，不仅体现在其对时间的重视程度上，更体现在他们能够快速抓取到时间管理的要素，从而做到高效执行。

华为高层经常提醒员工要注意两个问题：一个是要制订周密细致的工作计划，另一个是要学会说不。

很多员工将时间浪费在毫无意义的事情上，在没有考虑可行性之前就盲目投入工作，除了累得自己满头是汗之外不能留下任何光辉的印记；领导找到他们谈话时，他们还很冤枉地表示"已经尽力了"……直白地讲就是在"瞎忙"。反之，如果事先做好周密的工作计划，就能避免做无用功、流无用的眼泪。

最近几年，各大网络社区中很流行一种人际交往观点——"学会说不"。这种观点批判了那种不愿意得罪人的老好人，告诫他们轻易答应对方的下场就是自我绑架。对此华为也持有相同的观点。在华为看来，人们在工作中最容易犯的错误就是不懂得拒绝。特别是刚进入职场的新员工，为了建立良好的人际关系，恨不得连保洁大妈的活儿都帮一把，他们总是不假思索地答应别人的求助。这是很不明智的做法。学会说不，是对自己负责也是对别人负责，当自己不能胜任某项工作时还要硬着头皮去干，其结果无非是耽误自己的时间又浪费别人的时间。因此，华为要求员工接到别人的求助时不要马上表态，要首先考虑自己是否能如期完成，如果不能就要直接拒绝。

就是这两个看似很简单很常见的小问题，恰恰反映了人们在时间管理能力上的差别，华为苦口婆心地教导员工要珍惜自己的时间，其实正是在培养整个企业的时间感。

德国著名哲学家康德曾经在哥尼斯堡大学教书，他严格按照时间计划决定每一分钟做什么事，每天早上5点准时起床，每天晚上8点准时睡觉。这一生活规律保持了整整 30 年，从未有过偏差。因此他每天早上外出散步时，当地居民都将他出门的时间作为标准校对时间。

这个故事告诉我们：一个人只有掌控了时间，才有资格去谈掌控人生，才能从容地掌握知识、经验并创造新的知识和经验。心中的抱负再伟大也敌不过第二天早上的一次尴尬迟到，道理就是如此。

华为人经过多年的实践，总结了在时间管理上的"四大法宝"。

第一个法宝，以"SMART"为导向的目标原则。

所谓"SMART"标准包含五个内容：具体性（Specific）、可衡量性（Measurable）、可行性（Attainable）、相关性（Relevant）和及时性（Time-based）。

具体性是指做事情必须建立清晰的目标，知道自己想要什么。比如一个华为的员工可以梦想成为"华为销售业绩最高的员工"，先不管这个目标是否能实现，但有了目标，才会有清晰的奋斗方向，才能给自己后续的行为带来导引性。反之，如果一个员工的梦想是成为"华为最走红的员工"，那这个目标就很不清晰，因为"走红"是一个概念范围很大的词汇，到底是因为工作能力走红还是因为全年 365 天迟到走红？没有具体清晰的目标就不会有正确的行为。

可衡量性是指设定的目标能够用指标来量化，比如一个员工要成为"华为销售业绩最高的员工"，就要拿销售业绩来说话，而且还要准确界定是哪个销售领域的业绩，这样才具备一个清晰、客观的评定标准。

可行性则包含两方面的内容：一个是确定的目标在自己的能力范围之内，另一个是目标要具有一定的难度。通常，人们往往忽略后者，但其实后者的作用也很大，它能够帮助你预测完成某件事的难度系数，太难的目标容易挫伤你的工作积极性，但太简单的目标又会让你对自己失去准确的判断。

相关性是指和现实生活息息相关的内容，而不是美丽的如肥皂泡式的迷梦。比如一个员工要成为华为的技术大拿，就要考虑自己的技术是否能为华为的现有产品群产生作用，而不是学了一招半式的屠龙之术就去满世界找龙并以为自己可以屠龙，那样只会光荣被选为"华为最会做梦的员工"。

及时性是指任务要在规定时间内完成。对此华为给员工的建议是：既要确定最终目标完成的时间，还要分时段地确定目标完成时间，比如分成一期工程、二期工程、三期工程等，这样能够方便对工作进度予以监控。

第二个法宝，华为的"四象限原则"。

数学比较好的人应该还能记得"象限"这个概念，华为将这个数学名词活学活用在时间管理上，根据任务的紧急性和重要性划分为四种类型：紧急重要；不紧急重要；紧急不重要；不紧急不重要。第一类紧急重要的事情一般是指大项目和大任务，牵涉公司发展大计的内容；第二类不紧急重要的事情主要是指一些需要未雨绸缪的准备工作，暂时还影响不到公司目前的业务发展进度；第三类紧急不重要的事情是指开会、见客户、日常工作管理这些琐碎之事；第四类不紧急不重要的事情是指公司内部的小规模聚餐、娱乐或者聊天等无关紧要的事情。

按照华为的这个分类，后两个象限里的事情是首先被排除掉的：第三象限虽然紧急但是简单，不需要耗费过多的精力，说得直白些就是人人都能做的事情；而第四象限的事情因为不重要所以丢弃了也无所谓。在排除了后两个象限之后，前两个象限的对比就不复杂了，有的人直接选择了第一象限，因为它既重要又紧急。虽然这个选择本身没有错，但是如果长期关注在第一象限会让人始终处于高压的状态，很难抽出相对宽松的时间去处理第二象限的事情；而第二象限处理的是未雨绸缪的事情，如果因为时间不够紧迫就将其忽略，那么当某项工作进入倒计时之后，长期埋下的隐患也就暴露出来，到时候连处理的时间都没有了。

事实上，第一象限和第二象限的事情不是相互冲突和对立的。第一象限仅仅是"事情来了"，第二象限是"事情在路上"，两个象限的工作都要做好才能确保万无一失，而且更重要的是，第二象限的事情做好之后能起到预防和规避风险的作用，减少第一象限事情发生错误的概率，能够节省出更多的时间和精力继续防患于未然。另外对于新员工来说，一味地忙着处理第一象限的工作，会增加他们对工作的恐惧感和厌恶感，不利于培养他们的工作兴趣和热情。

第三个法宝，加快工作进度。

在信息传递领域有一个概念是：传递的中转环节越多，信息的准确度就越容易下降。有这样一个故事：一个农户养的鸡下了一个蛋，这个消息传到第十个人口中竟然变成了农户家里的公鸡下了一个蛋。因此，企业想要加快工作进度，就必须减少中间环节，将那些不需要耗费过多精力的流程简化甚至省略。但是一个新的问题来了：如何判断哪个环节重要哪个环节次要呢？不用担心，华为总结经验编制了一套"分析工作流程的网络图"，通过图表中的精确标注和优化分析，去掉那些多余的工作环节，既能减少工作失误又能节约时间。一位华为的中层管理者在两年内一共去掉多余环节70多个，节省3000多个小时。

第四个法宝，减少外界干扰。

古语有云：两耳不闻窗外事，一心只读圣贤书。一个人要想专注做一件事，确实需要集中注意力，屏蔽不必要的干扰。一个团队在日常运营中，成员之间难免会进行一些交流，有些交流是有价值的，有些是低价值甚至无价值的，而频繁的交流势必会影响到成员的工作进度和工作效率。因此，华为提出一个观点："打扰是第一时间大盗。"没错，这个大盗不劫财也不劫色，专门劫走别人的时间，也就间接劫走别人的生命。为了对抗这个恐怖的"大盗"，华为提出了一个应对措施，即"韵律原则"。

所谓"韵律原则"可以从两个角度来解读：一方面是维系自己的"韵律"也就是工作的状态，比如无意义的打扰要果断拒绝并马上回归到工作状态中。相对地，当你想要打扰别人时要尽量使用干扰性较弱的方式，比如即时通讯要好于面谈。另一方面是尽量和别人的韵律相协调，不要在没打招呼的前提下就去拜访别人，要多掌握他人的工作模式和行为习惯。

时间管理并非是让你将全部的事情都做完，而是更有效率地利用时间；时间管理除了要决定你该做哪些事儿，还要决定不该做哪些事；时间管理不是完全的掌控，而是降低变动性，它的最重要的意义就是帮助人们通过事前规划达到提醒和指导的目的。华为通过有效的时间管理提高了员工的整体素质，也提高了企业的整体战斗力和执行效率。

葛朗台的成本控制学

巴尔扎克笔下有一个著名的吝啬鬼,名叫葛朗台,他不仅是吝啬的代名词,也是凶狠、精明、暴发户、资本家的代名词。他是一个超越旧式地主的资产阶级投机商人,除了对自己抠门、对别人盘剥,他还是一个懂得敛财和节约的专家。他知道怎样投机,他懂得商品流通的规律,还能够合理地利用债务和商业信用去吸金……这么说并非是赞美这个刻薄的老头,因为他的行为和价值观并不值得提倡,但是他的某些理念可以借鉴到企业的成本控制上。

所谓成本控制,是指企业在一定时间内事先建立起成本管理目标,通过成本控制主体在其职权范围内,在生产耗费发生之前和成本控制的过程中,对影响成本的因素和条件实施一定预防和调节手段,以确保成本管理目标实现的管理行为。

一个肥皂厂总是出现漏装肥皂导致空肥皂盒出厂的失误,为了避免这个现象,肥皂厂打算搞一个自动检测装置,装配红外定位、自动称重报警、智能拿取机械手等自动化设备,总预算在几十万元上下。一个工人找到肥皂厂领导说,只要给他一百块钱,每天耗费一度电就能解决这个问题。领导起初半信半疑,后来决定试一试,结果让他大吃一惊:这个工人用一百块钱买了个电风扇,不停地对着流水线上的肥皂盒吹,这样就把空盒吹了下来。

这是一个典型的成本控制问题，肥皂厂没有跳出固有思维，以为肥皂盒已经被封闭，没法通过眼睛直接进行鉴别，于是想采用高智能的自动化设备，但耗资却需要几十万，这对一家肥皂厂来说是一笔大投入。而那位工人却跳出了固化思维的束缚，用电风扇就解决了问题。由此可见，成本控制要有正确的思维导向才能有效进行操作，否则不仅不能节约成本，反而会造成更大的浪费。

对于很多企业来说，成本控制是企业财务管理不变的工作重心，成本如果不能得到很好的控制，会挤压利润的上升空间，进而影响企业的市场竞争力，所以企业都会将控制成本作为提高企业效益的手段。

当然，控制成本也不能盲目操作，不能一味地为了节约开支而将不该节省的花销也节省了，否则这样企业就成了一个货真价实的葛朗台。成本控制需要有张有弛，恰到好处，这就需要考虑到两个方面的内容：成本既能吃掉利润，也能创造利润。只有正视成本的存在，才能更好地促进业务的发展，为企业创收增利。所以最关键的问题就是：怎样合理地协调成本在企业生产活动中的位置和占比。

像葛朗台一样，华为也是一个"抠门"的企业，不过却有着属于自己的"抠门"原则。华为在成本控制方面的观点是：成本是市场竞争的制胜性因素，所以成本控制必须从产品价值链的角度出发，对投入和产出进行综合的比较分析，从而制定科学的成本控制策略。反之，如果不讲原则，不遵循规律地压缩成本，只能给企业带来灾难。

2014年，江苏的一家金属制品有限公司发生了特大爆炸事故，造成了上百人的伤亡，而且经检查还有多名工人患上了尘肺病。经过调查发现，原来该公司违规使用双层生产车间，并且建筑间距不足，在2000平方米的车间内竟然布置了29条生产线和300多个工位。此外，该公司还没有为工作岗位配备独立的吸尘装置，导致车间的除尘能力很差。而车间的全部电器设备也不符合防爆要求配置，无法及时清理管道积尘，结果造成了粉尘聚集超标。再加上工厂没有对工人进行安全培训，最终酿成了惨案。这起事故带给人们的教训是：成本控制要以生产的安全和产品的质量为前提，而不是盲目地追求成本最小化。

网上曾经流传一张任正非机场打出租车的照片，有人认为是在作秀，其实是因为华为的差旅费报销制度有领导人出差下属不得陪同的规定，如果必须带下属，差旅费只能由领导个人承担。从华为成本控制的角度看：带下属出差属于"不增效"的成本开支，对产品价值没有提升作用，所以必须削减。任正非深知这个道理，所以独自一人乘坐出租车。

任正非在接受新华社专访时说过这样两段话："生活设施太贵了，企业就承担不起；生产成本太高了，工业就发展不起来。""深圳的房地产太多了，没有大块的工业用地了。大家知道大工业的发展，每一个公司都需要一定的空间发展。"

试想一下，像华为这样响当当的知名高科技企业，尚且认为生存成本过高，那么对于一般的制造业来说更是如此了。买什么都贵，这是国人的切身感受，这还是在石油、基础资源价格十分低迷的情况下。更何况，还有环境污染等众多隐性成本需要承担。众所周知，高成本意味着竞争力削弱，意味着企业的市场前景看淡，特别是当造成这种高成本的压力来自于外部环境时，企业只有加强自身的成本控制，才能将这种风险降低到最小。

美国波士顿咨询集团的一组调查数据显示：如今"中国制造"的成本已经直逼美国。在这个报告中，详细分析了世界出口量排名前25位的经济体。以美国为基准（100），中国制造成本指数是96，换句话说，同一个产品在美国制造成本是1美元，在中国则需要0.96美元，足见中美两国的生产成本差距已经极大地缩小了。

企业生存成本急剧增加，这就迫使华为不得不建立一套适用于自身的"葛朗台节约法"，而这个独特的控制原则就是：着眼于"是与非"，不关注"多与少"。简单解释，就是华为的成本控制要以投入和产出的比重为核心。为此，华为在四个成本控制方面进行了合理的调控。

第一，设计成本。设计成本是企业设计产品过程中所需要投入的各类成本。企业在设计产品时，要根据设计方案中规定使用的材料、生产工艺过程等条件计算出来的产品成本，属于事前成本或者是预计成本，并非实际成本。一般来说，设计成本能够决定后期生产中80%以上的成本，因为想要在生产制造环节降低成本是十分困难的事情，因此控制生产成本的主要精力要体现到设计环节中，在设计产品之初就要考虑到该产品的生产行为是最经济的，能够让未来的消费者得到最高的性价比。

第二，采购和外协成本。这两项成本受制于业务规模和议价能力，即使是同类企业，也会因为企业规模的不同和议价能力的高低产生较大的差异，因此要想降低这两项成本，就需要企业持续拓展业务能力，达到最大化的生产销售规模。为此，华为十分重视培养相关负责人的议价能力，并擅长通过规模经济的效应大幅度降低原料、基础设备的采购价格。

第三，质量成本。产品质量出现问题就会产生相应的维护成本，为此华为严格控制生产程序，将次品率及其他质量问题控制到最小。可以说，质量成本是华为成本控制的核心内容，因为一旦产品质量出现问题，就会引发退换货，由此产生的产品维修和运输等成本也难以避免。假设企业的产品直接面向消费者，产品质量问题极有可能导致企业的品牌信誉遭受到损害，甚至会给企业带来灾难性的后果，曾经红极一时的三鹿奶粉就是最典型的例子。

第四，库存成本。企业规模越大，库存费用的产生越难以避免。企业的库存过高会引发两个问题：一是增加仓储费用，二是增加资金的占用成本。一般来说，库存分为两个组成部分：一个是原材料，另一个是产品。在市场整体生产过剩的情形下，华为不断提高控制产量的意识，确保自身的库存维系在安全水平之上，尽量走"先下单再生产"的路线，减少资源浪费。

对于企业来说，降低生产成本并非是成本控制的唯一手段，降低企业的运营成本才是关键，华为正是将"投入产出比"当成衡量成本率的标尺，才有效地实现了成本控制。

罗马方阵和用兵管理

对欧洲古代史感兴趣的人，应该都知道罗马帝国的昔日辉煌，以及罗马人在军事领域的建树——罗马方阵。罗马方阵是罗马军团的基本作战单位，由两个百人队组成一个基本战术单位"小队"，一个小队通常有120－160人。罗马方阵是以装备大盾、重标枪以及罗马短剑组成的鱼鳞阵，强调纪律性、协调性和组织性，可以说，在同时代几乎没有能完克它的其他阵法。

在现代企业管理学中，有一个和罗马方阵形似的词汇，叫作矩阵式管理。它是指通过横向联系和纵向沟通的方式来平衡企业运营中的权利，从而确保每一个部门的工作重点都能提升企业的整体效率，从而消除部门之间的壁垒和本位主义，有效地实施企业的战略目标。从某种角度看，矩阵式管理和罗马方阵中的伤员补位、战友互相协同、依靠阵型的稳定性制胜等诸多特点都十分接近，因此被很多企业所采用。

矩阵式管理模式避免了垂直式组织结构和事业部制组织结构的缺点，是一种较新的管理模式，它具有三个无可替代的优势：沟通的信息链条短、信息反馈快、工作目标统一，这三个优势结合在一起就能极大地提升企业的工作效率并缩减成本，确保企业始终处于快速反应的良性状态中。

根据一般企业发展的规律，当企业达到一定规模后，势必会出现业务的多样化、项目的多样化、产品的多样化以及客户的多样化，然而企业的有效资源是恒定的，这些新增加的内容就会相互交叉，互相影响，如果不能妥善协调它们之间的关系，就会给企业的发展带来阻碍。

随着市场竞争的加剧，客户对产品和服务的要求也越来越高，一个企业只有快速应对市场变化、及时探知并满足客户的需求，才能确保企业的核心竞争力。

企业如果采用中央集权制或者是职能式的方法进行管理，就会引出一大堆的麻烦：跨越部门时沟通困难，大家不能交心只能扯皮，企业内部信息传递速度回到飞鸽传书时代，对客户的内心诉求患上了功能性失明失聪，新产品怀胎十二个月就是迟迟不肯坠地……如此一来，别说占据市场的鳌头成为NO.1了，就是想老老实实地喝碗粥果腹怕也是奢求。

既然中央集权制有这么多的弊端，那么采用事业部制的管理模式会怎么样呢？其实，那也只不过是换一种死法而已。当一个企业建立了多个事业部门之后，每个事业部门势必又会有自己的技术部、人力资源部、质检部、采购部等，这样做的好处除了开年会的时候节目比较多之外，只能是凭空地浪费很多资源，执行效率却依然提升不上去。

对比以上两种管理模式，矩阵式管理体现在三大优势上：

第一，工作效率高。因为矩阵式管理采用的是一种灵活的组织结构，能够对资源和信息进行共享，所以当企业产生新项目后，可以迅速调集其需要的资源，并可以跨越部门的壁垒建立项目组，执行力大大提高，沟通环节进一步减少，反应速度加快，能够让每一个部门的管理都将精力放在企业的发展上，有利于企业的战略实施。

第二，资源共享度高。矩阵式组织能够让每一个部门都充分享有资源的使用权利，避免了"忙的忙死，闲的闲死"的尴尬情况。相关研究数据显示，矩阵式管理能够比传统的管理模式减少20%的资源浪费。

第三，人才利用率高。矩阵式管理是最能体现"和谐企业"理念的，它不会埋没人才，更不会打击人才。由于采用了跨部门的协作方式，对人才的综合能力的提升会有很大的好处，而且还能培养员工建立团队合作的精神，消除了部门本位主义的常见病。当一种管理模式能够为人才的晋升提供出路时，自然就能够提高人才的工作积极性，也能吸引更多的人才加入，保持企业旺盛的战斗力。

如今在国外，矩阵式管理方式已经非常流行，比如微软、IBM这些国际巨头，都不约而同地采用了矩阵式管理且效果显著。现在国内的一些企业也采用了这种模式，比如美的、春兰等，在市场竞争越来越激烈的今天，企业采用何种管理模式将直接决定着它在未来的市场竞争力。

华为也是采用矩阵式管理的企业之一，过去华为一直在思考一个问题：怎样才能快速地突破产品研发的传统框架、快速对市场作出反应呢？经过实践，华为果断采用了矩阵式管理，管理效率有如从普快列车一跃而成为动车。

以华为的技术部门为例，在使用矩阵式管理之前，它们采用的是直线式管理：一个项目经理手下带着几个工程师，项目经理大包大揽全部的技术和项目管理，这就要求项目经理既要有高超的综合能力，还要有一副铁打的好身板，不然这么多工作单靠一个脑袋两只手如何扛得住？问题是人无完人，世界上也没有三头六臂的哪吒，当某个项目经理被几个任务压垮之后，就会给整个项目带来巨大的风险。

在华为发展的早期，技术类产品不太多，采用直线式管理基本能扛得住，项目经理也能从容应对。然而，随着技术的更新换代加速提升，项目组人员变多，项目经理却还是孤家寡人，以致精力越来越分散，在一些技术高危领域经常出现管理漏洞，给华为造成了"千里之堤，溃于蚁穴"的负面影响。比如，技术没有突破，预算却在增加，项目进度自然就被拖慢，而这些工作在交给项目经理之后，他们虽然疲于应付却也别无他法，这就严重影响了华为技术研发的进度。

正是因为华为看到了这种直线式管理模式的弊端，所以才果断决定使用矩阵式管理避免这些问题出现，于是成立了中研部并加强了矩阵式架构在研发系统的深入运用，让每一个业务从内部管理层面渗透矩阵式管理的模块，形成了华为中研部大矩阵套小矩阵并互相叠加的综合矩阵效果。

大矩阵，即华为中研部在内部运营方面，通过横向和纵向两条线进行矩阵管理。横线是面向技术积累，做好核心技术的积累和研发，通常以"部"或者"办"进行命名，比如基础部、总体办、计划处等，主要管理的是人力、物力、流程以及规划。

竖线是面向市场机会点、产品的研发，根据不同的业务部门的特点而划分各自的名称，比如交换业务部、智能业务部等，对产品、市场、业务以及进度进行管理。

横线的研发支持部门要为提高研发的整体运作效率、降低研发成本、避免或者减少研发失误负责，而竖线的每个业务部门要为市场的成功和生产的成功负责。华为的中研部很早就采用了目标管理制度，让每个部门和个人都有明确的工作目标。竖线的各个业务部门，从市场部获得客户对产品的需求和反馈，同时还要从生产部获得对产品制造方面的改进要求等，在掌握了这些第一手资料之后，再向横向支撑部门寻求帮助，而横向支撑部门因为掌握了各个业务部门对相关技术点和管理点的需求，能够以比较专业的操作模式和人力资源支持协助他们的工作。

华为的竖线业务部门和部队里组织士兵冲锋十分相像，而横向的支撑部门则是负责训练新兵、清除障碍的部门。在华为，中研部采用矩阵式管理以后，给产品研发增加了很大优势，比如技术和项目信息的传递速度加快、信息反馈速度加快等，进一步降低了实现技术的成本，并有效提升了市场生存能力。

这种多重模式的矩阵式管理，多次帮助华为突破了新产品的技术瓶颈，在这种管理体制之下，很多初出茅庐的新手也能参与到产品的研发中并迅速成长，这是很多企业在技术人才培养和积累方面所不具备的优势。

在华为早期成立的无线业务部门存在这样一种现象：由于很多技术关键点缺乏积累，无法形成可持续性的技术输出，后来华为进行了改革，由技术人员牵头协助无线业务部门攻坚克难，形成了一套漂亮的组合拳，而且这套拳法不仅在进攻中有杀伤力，在防御中也有抵抗力。在无线业务部攻坚克难的过程中，一旦遇到某些障碍，比如硬件方面的设计需求，就可以在第一时间反映到硬件部门，这样作为支撑平台的硬件部就会将已在交换机上成熟应用的硬件设计形成硬件模块，帮助无线业务部进行硬件设计。

这就是华为大矩阵管理的优势，如同罗马方阵一样进可攻、退可守，此外华为还有更具针对性的"小方阵"——小矩阵管理模式。

小矩阵是在华为中研部的各业务部中形成的属于部门自己的矩阵运作方式。比如华为的一些业务部门，不仅有和外界相对应的项目管理、计划处等组织机构，而且还有内部的管理产品和项目的部门。每个产品部的产品经理都直接对市场部负责，帮助产品在市场中建立起竞争优势，同时还要负责管理产品所涉及的研发人员的绩效考核等工作。

在华为中研部的矩阵管理体系中，每一位工程师的培训受所在技术支撑或技术管理部门的领导，但是在执行具体任务时则要受该项任务的负责人领导。这样看似复杂的模式其实有利于对技术人员进行综合能力的考评，既能促进他们尽快地完成任务，又能给予他们展示自身能力的机会，有利于提高他们的薪资待遇，避免人才的浪费，还能够帮助他们确立以产品和项目为中心的集体工作观，称得上是一石多鸟。

目前在华为的研发系统中，工程师有两条晋升渠道：一条是从项目工程师晋升为项目经理或者产品经理，另一条是从某个水平量级的技术工程师晋升为更高级别的技术工程师。正因为晋升的渠道被打通了，才会有越来越多的人才愿意留在华为，因为他们能预见自己美好的未来。如果晋升渠道被堵死或者过于狭窄，那么优秀的人才只能对华为说一声拜拜了。

经过多年的运营管理，华为的中研部所采用的矩阵式组织具有四大优势：第一，分工明确，人员业务熟练，便于交叉合作；第二，能够快速作出决策且准确率较高；第三，高层的管理者能够摆脱琐事的困扰，集中精力谋划战略大局；第四，信息传递速度加快，可以让华为的各个部门以最快的速度获取有关市场、技术、消费群体以及竞争对手等方面的信息资源，为项目研发、市场开拓、竞争策略积累案例依据。

正因为矩阵式管理给华为的技术突破带来了极大的优势，所以华为提出一个观点：让最明白的人掌握话语权，让最懂行的人担当重任，抵制官僚主义作风，避免和减少双重领导和推卸责任的现象发生，整体提升团队的攻关能力。仅从华为技术部门对矩阵式管理的应用，就能看出这种管理模式所带来的优越性，如果再算上其他部门的矩阵管理优势，整个华为的工作效率和执行效率以及创新效率将更是惊人。

学好世界语

1887年,一个名叫柴门霍夫的28岁波兰人发明了世界语,他创造这种语言的目的是希望消除国际交往中的语言障碍,让全球各个种族肤色的人都能在相同的人类大家庭里和睦共处。到目前为止,全世界大概有一千多万人在使用或者学习世界语,世界语现在也被应用于政治、经济、文教、科技等多个领域。

虽然听起来世界语是一种"美丽的通用语言",然而遗憾的是,由于缺乏民族性、国家性和文化性的有力支撑,它依然是一门比较小众的国际人造语言,并没有真正普及开来。但是,世界语所体现的这种国际化精神值得肯定,虽然柴门霍夫并非经济学家、企业家,然而他从语言学和社学会的角度,清晰地认识到了未来世界注定要趋向一体化的发展态势。

当今社会的竞争已经不再局限于国内市场,更延伸到了国际市场,一个产品从诞生之日开始,如果不能考虑到未来能否实现国际化的问题,这个产品将很难发展壮大,这也是众多企业追求和探索国际化道路的根本原因。那么,究竟什么才是企业的国际化呢?

企业的国际化是指企业的生产经营活动不局限在一个国家,而是面向全球经济市场的一种客观现象和发展过程,主要通过国际市场进行生产要素的整合,进而实现产品销售来获得最大的利润。

很多中国企业的国际化道路，往往都经历了从OEM到自主品牌的演进方式，在此基础上实现艰难的转型。由于受技术和资金等诸多因素的限制，在这个过程中，大多数企业是从低附加值出口贸易逐渐升级为高技术附加值的品牌营销。

随着国内竞争国际化和国际竞争国内化的趋势强化，当前的市场一体化程度越来越高，很多企业抛弃了过去单向的产品出口思维，转而采用全球战略思维。

现在，国际市场已经不再是过去的个体企业之间的竞争，而是逐渐演变为产业分工的合作体系，在这个体系中存在一个有趣的"杠铃式"结构：杠铃的一头代表着技术研发和国际品牌，杠铃的另一头代表着渠道网络和营销管理，而杠铃的中间部分代表的是生产制造。杠铃的两端属于高利润地带，杠铃的中间则是低利润地带。纵观国内的很多企业，大部分都位于中间地带，只有进行低成本且大规模的生产才能维系企业的生存。

华为是非常向往国际化的企业，从1996年开始就启动了全球化战略，经过十几年的奋战，华为浴血拼杀，终于突破了阿尔卡特、爱立信等国际巨头的层层围剿，在国际市场上占据了一席之地。现在，华为的产品和解决方案已经遍布全球几十个国家和地区，而且随着时间的推移，华为的扩张速度也明显加快，扩张的气势也势如破竹。特别是在近些年来，华为在新兴技术等领域的国际化战略更是让人眼前一亮。

华为代表的电信行业，自身的产业环境和产品技术和其他企业有一定的差别，然而它的核心竞争力和国际化战略却是相通的，可以被大多数企业借鉴和学习。整体来说，华为的国际化战略借用了中国传统兵法的三条计谋。

第一，以彼之矛攻彼之盾。

面对强大的对手，与其正面作战不如侧面迂回，这样既能减少己方的伤亡，又能给敌人造成奇袭的效果。正如太极拳中的"借力打力"一样，对方纵然强大，然而己方只要化解其力道，就能给对方造成致命的伤害。

2001年，华为在英国设立了办事处，准备挺进英国市场。2003年，英国的电信采购认证团对华为进行了为期4天的考察，英国的电信专家分十几个单元给华为评分，每个单元的满分是7分，华为的硬件指标普遍得了高分，然而在业务方面却得分较低，华为很快完善了在组织、流程以及管理等方面的建设，通过了英国电信的第二次认证。然而这并不能确保华为能赢得英国市场。为此，华为借力打力，通过科研投资等方式，收购了英国的集成光子中心、Neil科技公司、布里斯托尔的科研中心等研究机构，充分利用英国人的自有技术和技术精英，对华为的短板进行全面的改造，最终让英国市场接纳了华为。

第二，声东击西。

在一个广阔的战场上，敌人可能四处布置兵力，那么选择哪一个目标作为自己的攻击对象则对战争的胜负有着决定性的影响，所以要对敌人进行巧妙的骚扰，让他们无法得知自己的真正目标。

2010年，华为曾经宣布将在未来的五年内向加拿大的渥太华投资6700万美元，用来帮助当地创造164个研发职位。这项投资计划对渥太华和安大略省来说无疑是好消息，也是对安大略省高科技人才的尊重和认可，安大略省政府作为回报也给华为650万美元的资助。这样，华为可以借助渥太华纳塔研发中心增强它在北美的研发能力，提升自身的技术创新并推动加拿大电信事业的发展。

华为在渥太华的投资，关键点还是在于进入北美市场，是为了抵御美国政府的各种阻挠政策，而华为在加拿大建立合作伙伴关系的方式无疑是一招妙棋，因为加拿大和美国都属于北美一体化市场，只要搞好邻里关系就不愁拿不下美国市场。另外，华为可以通过录用北电遗留的高端研发人才为自己打造更为先进和更加本土化的电信系统，如果再加上美国市场内部力量的配合，华为迟早能在美国打开一条通道。

第三，暗度陈仓。

打仗讲究的是在迷惑敌人的同时隐藏自己的真实目的，为了达成一个长远的战略目标，就必须要从策略的高度做两手准备——一手为了迎合"义"，一手为了获取"利"。换句话说，做生意不能把赚钱摆在明面上，要懂得顺其自然且不留痕迹。

2010年，华为参加了中法经贸合作项目签字仪式，与巴黎工商会签署了合作协议，根据这项协议，双方将建立一系列的战略合作关系。此外，华为还将为巴黎工商会选定的年轻学生和相关学者提供在中国的培训机会。表面上看这是两件事，其实有一条重要的纽带将二者紧密联系在一起：华为在获得订单后并没有一门心思地做业务，而是积极配合中法政府进行企业间的交流，在促进法国中小企业向中国发展的同时，还和法国电信业、工商组织乃至政府主管部门建立深度的合作关系。这样，华为就轻而易举地获得了法国电信业的订单，同时还赢得了和法国政府机构的交流机会，体现了暗度陈仓这种孙子兵法式的智谋魅力。

有学者认为，企业的国际化战略一般要经历四个阶段：间接和直接出口、许可合同交易、合资企业以及直接投资。纵观中国的大多数企业，基本上还是处于第一阶段，从工业企业的品牌角度来看，产品品牌的国际化战略是最为重要的，所以企业必须将技术研发和品牌完善视为重要的改进方向。相比于国内大多数企业，在国际化道路上先行一步的华为已经进入第四阶段，这不仅对其他企业有着激励作用，更有着可贵的启示意义。

国际化道路原本就是曲折起伏的，华为也需要加强在利用国际人才、国际资本乃至国际政治等相关资源方面的操作水平，这样才能更好地推动国际化战略目标的实现。随着国际化脚步的加快，华为也清晰地认识到自身存在着自有品牌相对弱小、企业文化格局不高等中国企业普遍存在的短板。不过，好在华为具有狼一样的野心和斗志，更有着狼的速度和杀气，相信它在国际化战略的道路上能够越走越远。

打不过就上专利

2016年，世界知识产权组织发布的公报显示，位居世界专利第一申请量的国家是美国，中国排在第二位，而在中国的企业专利排名中，华为以3898件连续第二年位居榜首，高通和中兴分别以2442件和2155件排在华为之后。

现在很多人都对华为的勇猛感到一丝畏惧：到底是什么力量让它底气足到敢向苹果收许可费？到底是什么力量让它可以起诉三星的专利侵权？虽然答案未见得能统一，然而有一点是不可否认的，那就是华为从一开始就坚持开放合作的战略原则和态度。

随着全球化进程的加快，一部分中国企业面对日益激烈的国际竞争陷入了迷茫状态，华为却始终保持着清晰的思路和理性的态度。

任正非说："专利技术也是华为、中兴等手机品牌在海外市场迅速扩张的护身符。在知识产权的保护伞下，消费者业务要加快在170个国家的终端业务的布阵点兵，要敢于提出5年内超越1000亿美元的销售收入目标。"

由于海外扩张的进程加快，华为不得不重视对专利技术的保护，防止被别有用心的企业巧取豪夺。为此，任正非在谈到专利交叉许可协议时表示："……签订后我们公司高层欢呼雀跃，因为我们买了一张世界门票。我们一个普通员工写了个帖子，说'我们与世界握手,我们把世界握到了手中'。"

任正非提到的"专利的交叉许可",核心是互惠许可和相互许可,是指交易各方将自身拥有的专利和专有技术的使用权相互许可使用,让彼此都成为技术供方和受方,是一种基于谈判的、在产品或产品生产过程中需要对方拥有的专利技术的时候而相互有条件或无条件容许对方使用本企业专利技术的协定。

任正非在谈到支付专利许可费时表明了这样的观点:要让大家愿意搞原创的前提是尊重知识产权,如果不能对知识产权有足够的尊重和认可,就没有人愿意进行原创性创新,而是将注意力放在抄袭和模仿上,尊重知识产权虽然要付出一定的成本,但华为愿意通过"借船出海""以土地换和平"的方式去攻坚克难,最大限度地清理障碍。

反之,如果华为不重视知识产权,即使经过一番殊死拼杀之后到达了山顶,却发现山腰和山脚的基础专利都在别的企业手中,那么华为站得再高也要任人宰割,更无法在顶峰长久立足。因此华为最明智的做法就是,干脆留下"买路钱"——交纳专利费。如果不舍得从兜里掏银子,那么就通过自身的能力进行专利储备,而不是借用了别人的专利还抱有不被发现的侥幸心理。

既然华为要尊重知识产权,就要保护原创发明并将原创内容慢慢发展成为产业。事实上,知识产权应当是全人类共同需要面对的,也是应当被保护的,只有保护了原创才能对创新的深度投资和创新的动力维系其必要的积极性。实话实说,当前中国普遍缺少创新精神,其根本原因就是不尊重知识产权,没有建立严格规范的知识产权保护制度,加上社会文化中缺乏一定的包容精神,不愿意试错,所以原创的内容越来越少,盗版、抄袭、效仿以及"向XX致敬"充斥在各个行业。

从1995年到2000年期间进入国际市场后,华为很快就发现一个现象:西方人极其重视知识产权。当时中国正要加入WTO,通信行业的很多国际公司都找到华为收取许可费用,有些公司提出了1%到7%的缴纳比重,华为当时计算了一下,除去这些付费之外还有其他的付费内容,加起来就是一笔巨大的负担。也正是从这个时期,华为开始重视知识产权的力量。

2000年以后,华为全面进入全球市场,这时突然意识到:在国际市场,一个没有专利的企业就相当于失去了市场竞争能力。于是华为决定要按照国际化的游戏规则，主动向西方寻求并获得他们的许可。为了减轻负担，华为明确表达了这样的态度和想法：我们一起将这个产业做大，希望对方少收一点儿许可费，这样就能给华为创造更大的生存空间，才能促进双方的合作。

也正是从这个时期开始，华为决心经营好知识产权，因为它是能够确保华为进入国际市场必须要解决的核心竞争力的问题。为此，华为确定了几个决策，一个是增加投入占比，要超过西方企业投入的50%去做，因为西方企业已经领先，不加速是永远也追不上的，另外一个是将研究、标准和专利统一交给一个团队进行管理。当时华为考虑的是：只有按照西方的游戏规则来才有希望赶超对方，尽管华为要在这个过程中交一些"学费"，但从长远来看还是很划算的。

现代社会对知识产权的保护是从第一次工业革命开始的。当时西方想要建立一种保护创造的机制，即国家通过法律手段给予创造者一定的保护，以此来换取这个产权成果并将其转化为全社会的财富。从本质上看，知识产权保护制度是一个科学的制度，现在很多证据表明，正是这样的制度促进了西方一些发达国家的经济发展。

相比之下，华为也需要这样一种知识产权保护制度，这个制度要求华为相信创新的力量，而且这个制度是以法律的形式给予原创者足够的回报，给以侵权者足够的惩罚，从而促进知识创新进入良性循环的状态中。

有一个事实经常被人们忽略：中国是世界上第一大专利持有者，也是第一商标申请大户。然而真正形成现金流的并不在多数，这就意味着再多的知识产权也只能代表成本的投入，在缺乏转化条件的前提下知识产权对企业本身并无实际意义。所以华为总是在深入思考，究竟怎样才能将知识产权真正转化为价值。从当前的社会状况来看，国内缺乏转化的土壤，短时间内很难实现知识产权的价值转化。

华为认为，站在全球竞争的角度看，一个企业想要走向世界，必须增强知识产权的保护和经营能力，因为现在很多企业做的都是全球贸易，知识产权能力和法治能力也能体现出一个国家企业的综合竞争能力。知识产权具备两种主要功能：一个是确保国内的平等竞争力，让创造者得到一定的回报，维护市场竞争秩序；另外一个功能是确保本国企业的国际竞争力。审时度势之后，华为认定自己正是需要这样一种能力，所以不断加快着自己在知识产权能力培养方面的进程。

华为需要在国际的主流标准下构建一种影响力，而非另起炉灶开创出另外一套标准，因为自己的东西给自己玩既无聊也很危险。华为相信，跟随世界潮流发展的前提就是要和世界对话。当一个企业通过拥有专利技术成为世界主流的构成部分以后，才有资格去分割国际市场，才能成为主流的厂商，才能演进为领跑者。

虽然华为并未独占某些高精尖的技术，但是华为通过占有这些专利让自己的产品更加完善，从而能够充分适应不同的市场和客户的需求，这也是华为主张原创的主要动力。知识产权对企业的重要意义在于能够帮助企业在发展的过程中扫清障碍，给企业创造更高的经济效益。

以通信领域为例，西方企业普遍比中国起步要早，当华为进入到通信领域时，欧美国家的一些通信企业已经成长了几十年的时间，积累了一大批的智力成果。华为经过多年的实践发现，只有先肯定和认可他人的成果，才能更好地进行开放性的创新，否则只能陷入闭门造车的误区。为此，华为在独立研发的基础上，积极和很多国际领先的厂商合作，比如西门子、赛门铁克等。另外在企业管理方面，华为从1997年开始就和IBM、Hay Group等世界一流管理咨询公司合作，引入了集成产品开发和集成供应链等流程，对人力资源管理和财务管理等方面的进步产生了强大的推动作用。

除此之外，华为还和英特尔、高通、微软等国际巨头建立了联合实验室，这是一种"搭大船、出大海"的竞争策略，即紧跟行业的主流走，根据对客户需求的分析制定相关的解决方案并通过这些方案开发出低成本、高质量的产品，通过新技术去满足客户日益变化的需求。为此，华为组建了庞大的知识产权队伍，配备了专业从事知识产权工作的技术专家、专利工程师和负责版权、商标等业务的律师。

1995年，华为成立了知识产权部，有专业人员上百人，而同时代像华为这样重视专利产权的企业却凤毛麟角。此外，华为还制定了严格的知识产权、版权保护制度和流程，还制作出了管理公司知识产权的指导手册等读物。为了激励员工进行技术创新的积极性，华为还出台了多阶段奖励政策，让发明者全流程关注专利申请，不漏跟任何一个环节，每项重大专利的发明者能够得到3万元到20万元不等的奖励。

现在，知识产权战略已经成为华为的核心市场竞争战略。为了保证企业的可持续性创新，华为每年将不少于10%的销售收入用于产品研发并将研发经费中的10%投入到新技术的研究工作中，形成了持续创新发展的有效机制。为了始终站在国际科技领域的前沿，华为还参与到国际电信技术的标准组织中，有几百名华为员工还进入到这些组织和机构中，凭借他们自身的影响力为华为赢得了话语权。

经过多年的经验积累，到目前为止，华为已经形成了知识产权战略的两大政策：一个政策是，在核心领域持续积累自主知识产权并布局全球专利，保证华为参与市场竞争所需的知识产权能力；另一个政策是，以学习的态度遵守和运用国际知识产权规则，并用国际认可的规则处理知识产权事务，同时积极参加国际标准的制定，深入了解有关技术专利的国际通行标准，做游戏规则的制定者。过去有一句话叫"狭路相逢勇者胜"，现在已经进入知识经济时代，可以换一种说法："狭路相逢有专利者胜。"华为以知识产权为技术核心，以专利为战斗武器，在向多个领域挺进的过程中积累了越来越丰富的技能和经验，也为自己打足了底气、增加了胜算，建立了"专利制胜"的新竞争策略。

请放大你的狙击镜

古语有云："凡事预则立，不预则废。"用现代企业管理的视角来看就是要实施目标管理。一般来说，目标管理指的是综合个人目标和组织目标，通过使其自主管理达到目标的管理技法。比如，当一个狙击手匍匐在草地上准备狙击一名军官时，他所进行的也是目标管理：如何调整放大倍率锁定军官，如何判断风速对弹道的影响，如何在最隐蔽的条件下完成狙杀任务……这些因素都属于目标管理的范畴。

"现代管理学之父"德鲁克在他撰写的《管理的实践》一书中提出了"目标管理和自我控制"的主张，他认为传统管理学以工作为中心而忽视人性的一面，而行为科学又过于以人性为中心而忽略了和工作的结合。总的来说，目标管理是一个反复循环且螺旋状上升的管理过程，其特点是比较重视从期望的目标出发并将组织的整体目标拆分为几个小目标，最终达成期望目标。

1995年时，华为的员工仅有800多人，销售额也仅仅为15亿元之多，然而也就在这一年，华为成立了北京研发中心，开始向数据通信领域迈进，大规模地和内地厂家展开了合作，走上了一条共同发展的道路，也开始了从农村市场向城市市场转型的过程。

在这个初创时期，还不够强大的华为面临着来自市场环境的严峻考验，到底该何去何从？任正非认为：应当联合各个企业来壮大华为的力量，而且国家也应该支持民族通信企业的发展，从而增强企业的竞争力。

任正非曾经在第四届国际电子通信展华为庆祝酒会上，为华为制定了宏伟的战略目标："作为民族通信工业的一员，已在拼尽全力向前发展，争取进入国家大公司战略系列。"任正非旗帜鲜明地给华为制定了宏伟的战略目标，以此来激励员工奋斗。所以从华为的经验可以看出：不管企业的规模多么小，都要树立崇高的目标。

华为的创新目标也是非常清晰的：推动有价值的创新。对此任正非的理解是：中国人比较擅长数理逻辑，数学思维能力很强，因此华为在材料学研究和物理领域虽然很少投入，然而在数学研究方面的投入却是巨大的。华为的俄罗斯研究所和法国研究所主要从事数学研究，对华为的 2G、3G 业务有着很重要的贡献。

华为之所以能够在欧洲等发达国家市场中占据一席之地，是因为它能够进行两个架构的颠覆性产品的创新：一个是分布式基站，另一个叫 SingleRAN。正是有了这些革命性和颠覆性的产品才使华为在欧洲乃至全世界站稳了脚跟。而这个技术的颠覆性突破，便是建立在华为有效的目标管理上。

华为曾经发誓要成为全球顶级消费品牌，这是一个大战略计划。2013 年，是华为推出消费类产品的第十个年头。华为从一家 ODM 企业转型为 OEM 制造商的过程中，积极地推出了高价智能手机，为自己确立了新的战略目标。对此，任正非说了一句话："在大机会时代，千万不要机会主义，我们要有战略耐性。"

其实任正非就是在告诫华为上下，要清楚"我是谁，从哪里来，准备到哪里去"。将这句话分开解读就是：只有确立并锁定目标，才能让人做到最好；当一个人失去了奋斗目标，就会严重削弱他的意志力和动力。

1952 年 7 月 4 日，在美国加利福尼亚的海岸，一个 54 岁的妇女跳进冰冷的太平洋，她的目标是游到对面的加州海岸，如果成功的话她将成为第一个游过这个海峡的妇女。此前，这位妇女是第一个游过英吉利海峡的人，这次她意在完成人生的第二次挑战。然而，她在游泳的过程中突然升起了海雾，让她看不清身边护送她的船，甚至还有鲨鱼靠近了她，不过她始终没有放弃。过了十五个小时之后，她感觉又累又冷，认为自己无法再坚持下去了，于是叫人拉她上船。这时，在另一条船上的她的母亲和教练告诉她,她离海岸非常近了,不要放弃。然而当她朝着加州海岸望去的时候,浓雾阻挡了她的视线,在继续坚持了几十分钟以后她还是让人们把自己拉上了船。后来记者采访她的时候,她说:"说实在的,我不是为自己找借口。如果当时我能看见陆地,也许我能坚持下来。"事实上,人们将她拉上船的地点距离海岸只有不到一公里。

这个真实事例告诉我们:没有明确的目标,一个人很难坚持自己的初衷。同样,如果一个企业失去了目标,就会在市场竞争中失去开疆扩土的动力。由此可见目标管理的重要性。

哈佛大学曾经做过一个有关目标对人生影响的跟踪调查,这个调查的对象是一些智力、学历、生活环境相近的年轻人,结果发现:其中27%的人没有目标,60%的人目标比较模糊,只有10%的人有着清晰的短期目标,还剩下3%的人有十分清晰的长期目标。

哈佛大学经过25年的跟踪调查,最后发现:3%的有十分清晰的长期目标的人成了社会各界的顶尖成功者,其中很多人还是行业领袖;那10%有着清晰的短期目标的人,基本上都是社会的中产阶级,他们的短期目标不断达成,生活质量稳步上升,成为行业中不可或缺的专业人士,比如律师、医生、高级主管等;那60%目标比较模糊的人,基本上都生活在社会的中下层面,他们能够安稳地生活和工作,却也没有什么突出的成就;而那27%的没有目标的人,绝大多数都是社会最底层,他们经常失业,还依靠政府的救济过生活,并将心中的怨气撒在社会和他人身上。

从这个实验调查可以发现,对于很多人来说,成功在起步阶段时只是一个选择而已,你选择了什么样的目标就会有什么样的成就和人生。

英国有一位残疾青年,患有慢性肌肉萎缩症,行走不便,然而他还是完成了很多健全人都无法完成的壮举:他在19岁的时候成功登上了珠穆朗玛峰,在21岁的时候征服了阿尔卑斯山,22岁的时候登上了乞力马扎罗山,然而在他生命最辉煌的时候他却自杀了。为什么这样一个意志力坚强的人会选择自杀呢?后来人们在他的遗嘱中得知:他父母在他11岁那年攀登乞力马扎罗山的时候双双遇难,父母在临行前给他留下遗嘱:征服世界上著名的高山。所以他才有了很多明确而具体的目标,然而他在28岁的时候就已经完成了全部目标，他失去了人生的方向，最后选择了自杀。

其实，世界上的每一个人都有着属于自己的目标，很多人虽然未必能清楚地意识到，却是在不由自主地去完成。从某种程度上来讲，目标是生命最大的意义所在，失去了目标，生命就流失了一半，甚至对于某些人来说，没有目标，生命就完全失去了价值。

树立目标的好处是，能够让自己的努力有的放矢，而且一直朝着目标前进会提高成功的概率，如果没有目标将失去着力点。目标管理的核心功能有两个：一个是让员工将自己当成老板，自己管理自己，从"要我干"转变为"我要干"；另外一个就是让个体和团队与企业的目标充分结合。

曾经出任华为COO的毛生江有过这样的经历，在他担任山东代表的时候，目标是要在山东的每一个地区都有华为的产品。当时华为还是一家很小的企业，有一次，他见到了一位省电信部门的局长，毛生江对他说："局长您好，我是华为公司的，想跟您聊几句。"局长说："华为公司是做什么的？有什么事找我们科长就可以了。"这个回答让他很受挫，他决心将华为变成一个国内外知名的企业。

如今，一些公司的员工非常缺乏对企业的认同感，只是把企业当成暂时谋生的场所，而企业也只是把员工看成是干活的工具。任正非却不这么看，他认为华为就是一个大家庭，他要求所有人都要认同华为的企业文化并遵守企业的要求，而企业文化代表的就是一个宏伟的目标。

一个发展中的企业总是要满足来自各方面的不同需求，因此企业的高层管理者需要制定企业的总体目标，再将其转化为不同部门的具体目标。打个比方，假设一个企业的销售目标是500万，那么销售总监和地区经理就必须召开会议研究如何完成这些目标，并根据区域的不同确定具体的目标。另外，目标应当是一个企业、一个团队共同制定的，而不是上级强行交给下属去执行的。如果目标管理做得好，下属很可能会主动去完成他认为合适的目标。

企业将目标管理做好，就是要让团队上下在基础认知层面有清晰的定位。华为正是强调目标对企业的重要引导价值，才能让华为从基层工人到管理层都能明确自己要完成的具体目标。这正是华为持续突破自我、挑战难关的制胜法宝之一。

Part 2

市场策略引发生产裂变

别把对手斩尽杀绝

某动物园从国外运来一只十分凶猛的美洲豹,为了能更好地照顾这远道而来的"贵宾",饲养员们每天都给美洲豹准备精美的饭食,还特别腾出一个专用场地供它活动和娱乐,然而这只美洲豹似乎并不领情,依然郁郁寡欢。起初饲养员们以为是美洲豹水土不服需要适应,可是过了两个多月它还是这副样子,甚至连食欲都不如以前了。园长有些着急了,急忙找来兽医对这只美洲豹进行多方会诊,结果并没有检查出任何毛病。这时,有人提议再放进去几只美洲虎也许情况会有改变。原来,人们曾经无意中发现,每当有虎从美洲豹的笼子边经过时,美洲豹便会马上打起精神,怒目而视。后来,动物园真的引进了几只美洲虎之后,美洲豹忽然变得警觉并活跃起来,恢复了往日的雄风。

跟美洲豹相同,人也需要有对手,才能不断激励自己保持旺盛的斗志,激发自身的潜力。

任正非曾经说:"公司的战略沙盘很快会给各级干部公布每一个大数据流量机会点,华为所占的市场份额要在 1/3 左右,剩下的就留给竞争对手。"这段话表明:别把竞争对手杀绝。也许有人不理解华为这么做的初衷是什么,不过任正非对这段话进行了解释:"当我们抢不到大数据流量的机会点时,就会被边缘化、被死亡;

当我们全部占领大数据流量机会点时，也会是惰怠，也会是死亡。"

显然，任正非是站在整个行业的高度来说的，如果行业内的竞争对手变得越来越少，这也就意味着能够支撑这个市场的企业也越来越少，而一旦只剩下寥寥无几的占领者之后，整个行业的抗风险能力就会降低，这对华为而言绝非一个良好的竞争环境和生存态势。那么问题来了，华为如何占据这些大数据流量的机会点呢？

在任正非看来，华为需要一大批优秀的思想家和战略家，假设华为拥有了这样的人才，也就有了跑马圈地、开疆扩土的能力。而华为的上海研究所恰恰缺乏这样的人才，所以从现阶段的情况来看，华为距离预期目标还存在着一定的差距。

有这样一则寓言故事：在一片生机盎然的绿色大森林里，生活着一群美丽活泼的小鹿，然而它们经常遭到一群狼的攻击，导致很多美丽活泼的小鹿惨遭毒手，人们为了保护鹿，组成了荷枪实弹的狩猎队，在森林中捕杀狼。经过几年时间，这片森林中的狼终于被杀光，森林成了鹿的天堂，它们无忧无虑地生活，尽情地繁衍，数量很快就超过了十万只。然而随着鹿群的不断扩大，森林中出现了严重的饥荒，凡是能被吃掉的绿色植物都消失殆尽，而鹿群由于缺乏了天敌的袭击也开始退化，不少鹿患上了疾病，慢慢地死去，最终这片森林里只剩下了几千只病恹恹的鹿。

这个故事说明了竞争对手存在的重要性。正如那句俗话所说："朋友成就了你生命的长度，对手决定了你生命的高度。"一个没有朋友的人会感到孤独和寂寞，一个没有对手的人永远无法提升自我。不仅个人如此，企业也是如此。只有存在着强大的竞争对手，才能迫使企业每日三省吾身，不断提高自身的竞争力，从而能更好地适应市场的变化和客户的需求。

在2013年，华为的营业收入第一次超过爱立信之后，就实现了在营收和净利润方面对爱立信的"双杀"，然而从整个行业的影响力来看，华为还是略逊于当时的爱立信。但是对于华为来说，无论是爱立信还是苹果，都是它强有力的竞争对手，它们不仅能给华为提供不断完善自我的动力，还能教会华为一些它们的行业经验和教训，对华为的长远发展有着非常重要的存在价值。

任正非曾经在华为消费者BG年度大会上表示，要多学习友商的优点，大家做朋友而不是做对手。首先，华为要积极吸取百家所长，不仅要将竞争对手看成是友商，还要善于从它们身上发现优点并为我所用，比如华为可以学习小米的营销模式，并接受"互联网思维"这个法宝，要在实用主义的基础上对其优秀的东西加以借鉴和学习；其次，华为还要向国际知名品牌看齐，不能降低要求和标准，要将目光放得更加长远，要聚焦全球战略而不能局限在国内市场，还可以向苹果学习，建立稳定成套的供应系统，来确保供应链的可持续运行，比如苹果手机每年仅仅推出两三款就能赚取最多的利润，体现出手机品牌建立生态黏性和服务体系的重要作用；最后，华为不能妄自尊大，不能只盯着友商的缺点，更不能因为华为自身的某些优势而沾沾自喜，比如要学习OPPO和vivo，要从和这些友商的竞争过程中谋求技术附加值，进而实现高利润。

不要恶意地去攻击竞争对手，这样也能让竞争对手给自己提供更多可借鉴的案例，因此华为对每一个对手都抱着尊重的态度，华为要求员工无论在何种场合都不能讲"灭三星、灭苹果"之类的话，如果发现就罚款100元。由此可见，华为确实做到了能够理性、科学地看待竞争关系。

19世纪中期的欧洲，有两个银行业的巨头，一个是巴林家族，另一个是罗斯柴尔德家族。这两大家族的金融触角遍布全世界，几乎掌控了当时全世界经济体的保险箱。自然地，巴林家族银行和罗斯柴尔德家族银行从诞生的那天起就恩怨不断，并且随着双方势力范围的扩大彼此之间的矛盾越来越激烈。

19世纪80年代，巴林银行对阿根廷等国的债券进行了大量的投资，而罗斯柴尔德家族银行则恰恰相反，他看重的是阿根廷的邻国巴西。1890年，阿根廷爆发了金融危机，债券一夜之间成为废纸，这给巴林银行造成了灾难性的重创。祸不单行，俄国政府为了不殃及自身，立即抽走了在巴林银行的全部存款，这成为压垮巴林银行的最后一根稻草，昔日的金融巨头顿时处在崩溃的边缘。这时候如果罗斯柴尔德家族银行再给它背后一刀，就能轻松将这位宿敌击败。然而让所有人大惑不解的是，罗斯柴尔德家族银行竟然没有出手，反而对当时的英格兰银行提出的"救援巴林计划"做出了积极的响应，在一个月的时间内从世界各地的银行中抽出了200万英镑现金和价值100万英镑的黄金送给巴林银行，最终让巴林银行重获新生。

面对众人的迷惑不解，当时执掌罗斯柴尔德巴黎银行的阿尔方斯·罗斯柴尔德这样解释："巴林银行实质上已经成为整个英国商业和经济的信用基石。一旦巴林倒下，英国在全世界的信用都将严重受损，到那时，我们绝不可能独善其身，必将受其害而随之倒下。"罗斯柴尔德家族银行没有囿于同行之间的恩怨，而是站在整个行业的角度对宿敌出手相救，虽然出发点仍然是为了保存自己，但此举却证明了一个道理：有时候给竞争对手留活路就是给自己留活路。

给竞争对手留活路，也是为了营造一种良好的商业竞争秩序。当年的腾讯和360大战，从开始的互相卸载演变到一种恶性竞争状态，分别在用户的电脑中上演弹窗大战，给网民们带来了很糟糕的体验。还有蒙牛和伊利之间的商业诽谤，也从侧面反映出同行之间的恶斗，不仅危害到了企业自身，还会危害到消费者的利益。电影《教父》中也点明了这样一个道理：黑帮之间一旦大开杀戒，各个家族的成员都难以幸免，最终所有人都是受害者。

市场竞争也是如此，竞争原本是市场经济条件下的必然产物，但只有保持良性的企业竞争才能为企业的发展提供创新的动力，才能为消费者带来更优质的服务和体验。也只有处于良性竞争的状态下，才有利于一个企业做大做强。如果每天都是通过尔虞我诈等下三烂的手段排挤竞争对手，这个企业只能成为一个只擅长使用阴谋诡计的低等企业，最终会被市场和消费者抛弃。

站在行业的角度看，只有每一个参与市场竞争的企业都遵守行业秩序，才能真正促进全行业的发展，那种采用低劣价格战、口水战、公关战的方式，除了白白消耗宝贵的行业资源，并不能真正获得各种收益。退一步说，企业在特殊阶段、特定环境下可以采用一些非常竞争手段，但不能将这些手段当成"常规武器"，要懂得过犹不及、物极必反的道理。麦当劳和肯德基对着开店已经成为一种习惯，可口可乐和百事可乐也能够相安无事地并存，这都是良性竞争的表现。换个角度看，正因为互相竞争才有了互相学习、互相赶超的动力。

企业间的良性竞争是一种包容性的竞争，只有良性竞争才能促进企业更好地赢得市场和消费者，才能促进整个行业的发展乃至推动社会的进步。那么，作为一个企业，特别是作为一个有理想的企业来说，需要应对各种残酷的竞争，而正是竞争对手的存在让企业逐步成就自我、日臻完善，不断地接近成功的顶峰。

重量拳手不打草量菜鸟

《圣经》中有一个大卫和歌利亚的故事。歌利亚是腓力士将军,他带兵进攻以色列军队,由于他是一个超级大力士,所以人人都很惧怕他。当时两军对阵,为了减少伤亡,双方协商各自派出一个大力士单挑,输掉的一方就要割地退兵承认失败。然而以色列军队中没有人敢和歌利亚单挑,最后一个牧童突然站了出来,他就是大卫。大卫和歌利亚对比简直就是小鸡仔和狮子的差别。歌利亚见到大卫后,拿着斧子冲了上来,大卫手持投石器击中歌利亚额头致其扑倒在地,然后他将歌利亚的刀从鞘中拔出来,割了他的头。大卫之所以能赢得这场力量悬殊、生死攸关的较量,在于大卫没有按照歌利亚的方式和他决斗,而是采用远距离进攻的手段,迫使歌利亚无法靠近自己而制胜。后来,大卫统一了以色列,成为著名的大卫王。

如果大卫挑战的不是歌利亚这样的巨人,即便他再有过人的智慧和勇敢也无法服众,他的故事告诉我们:一个人要想成就一番事业,就要敢于挑战和自己力量相当甚至超过自己的对手,如果失败了并不丢人,如果赢了则可能永垂青史。反过来看歌利亚,挑战了一个明显弱于自己的人,因而放松了警惕性,结果身首异处,一败涂地。

2015年,华为手机在中国市场的销量已经达到了三星的三倍。华为在其旗舰手机 Mate8 的发布会上公开表示:"华为不会把三星当作竞争对手,我们的目标是在高端市场占比上超越苹果。"

众所周知,苹果手机在行业内拥有龙头地位和享誉全球的知名度,绝非一般手机品牌所能企及,每次新品发布会都会在全世界掀起一阵属于果粉的狂欢浪潮。华为敢将苹果当成自己赶超的目标,很像是大卫挑战巨人歌利亚。当然,华为并非是痴人说梦去挑战苹果,而是确实拥有了一定的引以为傲的资本。在2015年的第三季度,华为在全球智能手机的出货量排名中位居第三,同比增幅则达到了第一。

无论是苹果还是三星,它们都是响当当的手机品牌,然而华为正是要通过挑战这些知名品牌来证明自己的实力。敢于挑战强者,不仅需要勇气,更需要智慧,虽然在这个挑战的过程中可能会遭遇不可预知的困难甚至是重大的挫伤,但是只要成功闯过这一关,就一定能守得云开见月明。

太平天国起义爆发后,太平军攻城略地、势如破竹,严重地动摇了清王朝的统治基础。当时为了镇压太平天国运动,清王朝派出了曾国藩的湘军。湘军虽然在曾国藩的训练之下骁勇无比,然而和当时势头正盛的太平军接触后依然是连吃败仗,曾国藩在鄱阳湖一战中差点自杀殉国。面对如此强大的对手,曾国藩开始转变思路,他认为既然正面硬碰硬打不过太平军,那就不如和他们拖延时间,将主动进攻转换为防御为主。于是,曾国藩每到一地就命令部队做好扎实的防御工作,筑结实城墙并挖深壕沟,诱使太平军主动进攻。由于湘军固守阵地,太平军攻打起来十分吃力,最后,由于太平天国内部矛盾严重激化,导致他们进攻的力量被渐渐削弱,最终曾国藩不战而胜,以被动赢得了主动。

虽然华为在实际操作中会和小米、三星产生正面竞争,然而在其终端高管的言论中表达的含义是将苹果作为挑战和竞争的目标。这个竞争态势在2016年变得越来越清晰,可以从华为系列产品的发展路线图和市场覆盖中看出端倪。

也许在外人看来,华为挑战苹果的霸主地位是一种不自量力的行为,然而华为并不在意苹果曾经创下多么辉煌的战绩,而是牢牢盯住苹果不放,这一点从华为手机的市场定位也可以看出:甩开低端,紧贴三星,对标苹果。

虽然华为并没有放弃低端机市场,但在华为心中,对中高端市场的占领才是最主要的发展方向，华为由此确立了精品战略，这其实恰恰走了和苹果相似的发展之路。苹果从诞生之日起，就将产品定位在中高端领域，尽管价格长期居高不下，但并不影响全世界果粉对它的迷恋和追捧。华为也从苹果的成功之路上看到，只有不断地产出精品、高端品，才能逼迫自身去完善技术和产品创意，去征服消费能力更强的高端群体。反之，如果一味地在低端市场徘徊，受制于性价比等因素，就很难制造出精品，也不会在消费者心中将自己打造成为"神物"。

任正非曾经对华为的消费者BG业绩目标提出了这样的要求："终端要敢于5年内超越1000亿美金的销售收入，在结构上、组织上、模式上要好好考虑；同时，要保证合理盈利，库存风险可控；我们一定要立足打造中高端品牌，通过中高端带动中低端的销售。"从这段话中不难发现，任正非一直致力于向中高端市场发起猛烈的冲击，并不畏惧在这块市场上占据各种优势的王者品牌，这也恰恰印证了华为所具有的"狼道精神"。

拳击比赛非常重视选手之间的量级差别，通常最高等级是重量级，体重在86公斤以上；最低等级是迷你轻量级，体重在48公斤左右。按照规则，这两个等级绝不可能碰在一起，这既是对选手的尊重也是对观众的尊重。试想，两个实力太过悬殊的拳手对打，观众还有兴趣观看吗？同理，在残酷的市场竞争中，一个实力强劲的企业去挑战一个弱小很多的企业，既无经济价值也无社会价值。然而在现实生活中，却有一部分人不敢向强者挑战，只愿意通过战胜弱者来展示自己的"能力"，殊不知，这种炫耀不仅没有人买账，反而会降低自己的身价，最终将自己划归为"弱者"。

自从昔日的手机王者诺基亚衰败以后，三星和苹果长期稳居全球手机市场的前两位，而其他手机品牌只能费力地竞争老三的位置，小米、LG、华为等品牌都轮流在这个有些尴尬的位置上盘踞过一阵子。不过在消费者眼中，"全球手机第三"的名号确实没什么实际意义。然而，随着华为技术力量的积累和崛起，这种状况正在发生明显的改变。现在很多人都不由得惊叹：为何华为在几年间就成了手机品牌中的翘楚？

事实上，华为一直不甘心长期居于三星和苹果之下，正如它曾经在通信领域超越了爱立信和西门子而成为全球第一大通信设备商一样，华为的奋斗目标永远都是第一，因为只有成为第一，才能真正被人记住，才能像苹果那样具有宗教般的消费信仰。对此，华为手机 CEO 余承东毫不掩饰地表达出华为想要超越三星、苹果进而称霸全球的野心，他在接受媒体采访时曾说："我们的目标是成为全球领先品牌，我们要与三星和苹果抗衡，并且比他们做得更好，在 3 到 5 年时间里，我们要成为世界第一品牌。"

回顾这几年华为挑战强者的闯关之路，我们可以发现它在三件事上取得了成功，而正是这一系列的成功，让它拥有了继续冲击手机品牌霸主的底气和信心。

第一件事，华为掌握了核芯技术。很多中国的消费者都很在意国产手机的芯片处理器，因为在过去相当长的一段时间里，这项技术几乎被外国厂商牢牢把控，然而当华为手机进入市场之后，其凭借高瞻远瞩的视角，充分调动全部资源自主研发"中国芯"，这让华为在和其他手机品牌竞争时占据了优势地位。华为研发的"麒麟处理器"，已经能够和高通、苹果的处理器站在相同的起跑线上，让很多中国消费者产生了畅快淋漓的自豪感，彰显了华为豪迈的挑战精神。

第二件事，华为建立了品牌溢价。品牌溢价是指品牌的附加值，一个品牌相同的产品能比竞争品牌售出更高的价格就是品牌溢价能力。作为一个向苹果和三星看齐的国际化企业，华为也有着自己的梦想和目标，所以才提出了"华为不仅仅是 500 强"的口号。在经历了企业发展初期的困难和受挫之后，华为的品牌知名度渐渐地被更多人所知道。尤其是在开拓国际市场之后，华为凭借自身过硬的技术和优质的服务，已经赢得了世界范围内的消费者的广泛认同。品牌价值深入人心，使华为爆发出了强大的市场感召力，借力于品牌溢价效应，华为正式迈向了挑战手机市场的决战之路。

第三件事，华为占据了专利技术。华为虽然是一个以专利见长并以知识经济制胜的企业，但华为的手机能够在销量上超越 OPPO、小米这些国产品牌，在于它在国外市场的巨大出货量。这是在国内同样销量很大的小米和 OPPO 望尘莫及的，因为它们受制于专利的法律限制，无法在国外市场走得更远。正是由于掌控了专利，华为手机在国内外市场才能如履平地，免去了许多后顾之忧。

虽然苹果被称为是"世界上最有钱的公司"，然而在乔布斯去世之后，并没有出现让大家一致认同的革命性产品，甚至在新技术研发领域也被 Google、Facebook

和Amazon等企业甩在了身后。所以在手机领域，如果华为能蓄势待发、把握机会，赶超苹果的霸主地位并非完全没有可能。即便要达到这个目标需要经历一个比较艰难而且又漫长的历程，华为也一定会尽自己最大的力量最大幅度地提高自身的技术水准，并推动品牌价值的提升。单从这一点上来看，华为绝不会成为输家。

正因为华为敢于向王者挑战，才迫使它能不断积累并创造优势，一次次赶超了曾经压制它的强者；也正因为华为不畏惧向王者挑战，才会让它不断严格要求自我，以王者为目标，以王者为自律的样板，继续创造奇迹。

不加速就要被恶意并线

比尔·盖茨曾经说过："我们离破产永远只有 90 天。"这并非是微软在做骇人听闻的炒作，而是直接指出了"危机意识"对一个企业的重要性。无论是对于企业还是个人，危机从来不是随机出现的，它总是潜伏在你还没有意识到它存在的地方，如果放松警惕，它说不定在哪个时刻就会突然袭击。

闻名世界的波音公司，为了增强员工的危机意识，曾经拍摄了一部模拟公司垮台的纪录片：在一个天空灰暗的日子里，波音公司悬挂着"厂房出售"的招牌，从大喇叭里传出"今天是波音公司时代的终结，波音公司已关闭了最后一个车间"的通知，很多员工无精打采地从工厂离开。这部纪录片播出之后，波音公司的员工都产生了强烈的危机感，这让他们找到了作为主人翁的责任感，一个个都认真工作并不断创新，使波音公司保持了强大的发展动力。波音公司的这种做法给了我们一个重要的启示：企业想要在激烈的市场竞争中存活就必须要有危机意识。

华为的胜出并非是依靠了运气，而是凭借着多年以来坚持创新、以客户为中心、聚焦主营业务等多方面的努力实现的，当然最重要的就是华为的危机意识。在华为看来，市场竞争如"逆水行舟，不进则退"。因此在 2000 财年（财经年度），华为的利润位居国内电子百强时，任正非竟然提出了"华为的冬天"这样的说法，这让当时的很多人难以理解。事实上，这正是华为的高明之处。

华为在2013年营收第一次超越爱立信时，任正非就表示，"华为需要警惕危机快于改革的情况发生"，为此还提出了"第91天危机"——华为的财务曾算过账，华为公司的现金够吃三个月，当第91天来临时，华为公司如何渡过危机呢？答案似乎只有一个——创新。

华为的创新源泉来自内部和外部两个方面的压力。

外部的压力是指市场竞争、对手的碾压、消费者的需求等，这种外力促使华为觉醒了狼的悟性，为了抢占生存资源和生存空间，不断磨砺生存本领，从而迫使自身从内部创新。

内部的压力是指华为时刻保持着的危机意识，这种意识构成了华为持续创新的内在动力，这是华为能够在王者如云的通信行业中生存下来的关键。

华为在2000财年创下了152亿元的销售额，利润高达29亿元，这是华为企业发展史上首个成长的巅峰，然而华为没有高谈成绩，反而提到了危机。正如任正非在《华为的冬天》一文中所说："华为存在的问题不知要多少日日夜夜才数得清楚……华为的冬天正在到来，各种机制、管理等正面临危机，已经到了不得不调整、改革的地步。"

无独有偶，任正非在《北国之春》这篇文章中又一次提到了"华为的冬天"，他认为：华为经历了十年高速发展，能不能长期持续发展，会不会遭遇低增长，甚至是长时间的低增长……面对这一系列疑问，华为人该何去何从，任正非似乎在提醒着每一个华为人，要时刻做好"过冬"的准备。

一直以来，华为将狼道精神中的饥饿感当作促进企业发展的一种气势，这种气势让华为从来不敢回避现实问题，也让华为上下始终保持着警惕性和战斗力。华为敢于承认自己在某些方面的不足，也从不避讳未来可能会遭遇的艰难处境。为了确保能够始终在强手如林的通信行业中遥遥领先，华为不断通过创新保持有效的业绩增长，还敲定了先于行业5年到10年的研发布局模式。在华为看来，技术研发并非百米短跑，而是一场马拉松比赛。为此，华为每年都会拿出一部分资金用于创新，粗略统计这项资金已经超过了两千亿元。

吉姆是英国的一个小职员，他成天在办公室里写东西，经常累得腰酸背痛，唯一缓解疲劳的方式是下了班去滑冰，可这项娱乐只能在有冰的冬天进行。吉姆思前想后，最终跳出了"寻找冰"的思维束缚，想到了脚上穿的鞋和能滑行的轮子，将这两样东西结合在一起，经过多次设计和试验，制成了人们熟知的"旱冰鞋"。

只有跳出思维局限，才能找到创新的突破点，才会在企业发展的高速公路上不断加速，才可能避免被竞争对手恶意并线甚至超车。但加速并不是盲目的，而是要更安全稳健地为自己锁定直达的终点。为此，华为的加速理念是将客户放在首位，建立了"以客户为中心，以奋斗者为本，长期坚持艰苦奋斗"的信条，这成为华为前进的主要不竭动力。

早在华为成立之初，就确立了以客户为中心的创新指导思想，当时华为和很多企业一样，都是先研发出产品再向客户推销，然而在竞争激烈的通信市场，技术研发和市场需求往往存在着严重的脱节现象，很多时候技术创新是出力不讨好，并没有真正达到创新的目的。在这种环境下华为及时调整了思路，从"技术驱动"转向了"市场驱动"。华为认为，要想让消费者心甘情愿地购买自己的产品，就必须把产品和服务做好。正因为华为坚守了这条原则，才能让它在初创时期就有了飞速的成长。

任正非曾说："客户要什么，我们就赶快做什么。"他认为，中国的很多企业重技术而轻管理，或者是重技术而轻客户需求，然而真正影响市场走向的恰恰是客户的需求，所以任正非希望华为能够转变思路，做"工程商人"，将市场营销和技术研发充分结合。

想要不断加速并超过竞争对手，就必须坚持创新，因为你能加速，别人也能加速，但除非你有更先进的发动机，你的速度才能达到更快。为此，华为确立了"针尖式"创新的路线。

什么是"针尖式"创新？就是在某个技术上持续投入并获得突破的创新。华为在2G和3G时代，并不是领跑者而是追赶者，然而进入4G时代以后，华为实现了和国内外王者们并驾齐驱的资格，在5G时代来临之后，华为的领军地位更加突出，因为华为本身就是5G研发投入最早的厂商。

早在2009年,华为就启动了5G研究计划,并在2012年巴塞罗那通信展上对外展示了5G原型机。根据华为对外透露的信息,2018年年底前,华为将致力于5G标准化制定,到2019年将会推动产业链完善并完成互联互通测试,到2020年将正式投入商用。

除了5G技术之外,华为在芯片领域也有着同样的"针尖式"创新。众所周知,芯片是需要长期积累和投入的高科技产品,存在着较大的投入风险,但是华为却敢于在这个领域深耕十多年。任正非说:"我们只可能在针尖大的领域里领先美国公司,如果扩展到火柴头或小木棒那么大,就绝不可能实现这种超越。"的确,华为正因为采取了"针尖式"创新的策略,才能不和其他厂商发生利益上的冲突,等于将自己的车避开了对手的路线,能够以最快的速度保持领先优势。

一个合格的车手,既要懂得加速也要懂得合理避让,否则不仅不会保持领先地位,还可能会半路翻车,导致前功尽弃。把这个竞速法则应用到企业身上就是危机管理意识。一个合格的企业,既要懂得如何赶超对手,也要懂得"欲速则不达"的生存之道。只有将两条线同时掌控好,才能在市场竞争的浪潮中屹立不倒。

华为在ICT(信息、通信和技术行业领域)行业中始终坚持"有所为有所不为"的原则,也就是说华为仅仅将注意力集中在信息的传送、处理、存储和重现等方面,通过对这些技术的研发来为自己提供产品和解决方案。正是这种科学合理的"加速法则",让华为从过去由产品驱动和服务支撑的传统模式转变为产品与服务共同驱动的新模式,在坚持集成战略的前提下从产品维修服务升级为全生命周期用户体验管理,使得华为在通信领域建立了强大的产品服务优势。

华为的企业发展观是:一个企业不能总是背着过去的包袱或者成绩行走,如果那样,这个企业距离死亡也就为时不远了。所以,任正非说华为是一个没有历史的公司。在华为内部,你几乎看不到展现华为发展历史的图片和影像资料,也没有在显眼处张贴哪位领导视察华为的大幅照片,就好像这个企业是刚刚成立一样,毫无历史感。其实对华为而言,从来不存在什么功臣,也没有什么值得炫耀的光辉岁月,就连任正非也表示过,自己退休之后"不会被供在华为的殿堂里"。

任正非说,他从来不在乎媒体怎么看待他,他也不在乎接班人是否忠诚,因为接班人应该都是从基层一步步奋斗上来的,他们能够自我否定也懂得妥协,还有常人所不具备的高远视角,他们本来就是自然成长的领袖,领袖不是选出来的而是打拼出来的,不是只依靠忠诚就能够胜任的。所以,任正非不需要后来者对他念念不忘,该干什么就干什么,只要华为的品牌不倒,其他的东西都可以随着时代的发展更新换代。

既然华为"没有历史",也就不崇拜个人英雄主义,那么力量从哪儿来?力量就在整个团队之中。华为从初创时期的十个人发展到今天,依靠的就是团队精神。华为曾经进行过一次市场部大辞职,将一千多人调离原有岗位,为的就是避免山头主义对华为整体团结的破坏。因为企业做得越大,就越需要团结,因为牵涉的岗位和人越多,越容易产生纷争。

事实的确如此,一个十个人的小团队,有点儿摩擦领导出来劝几句没准就握手言和了,然而成千上万的大团队,领导一没有时间去解决吵架拌嘴的事儿,二也没有精力去提前发现矛盾的存在,而一旦矛盾激化到最顶点,给企业带来的必定是灭顶之灾。

光有一支能打仗的团队也是远远不够的,一个企业不仅要为这个团队树立目标,更要有一个核心的价值体系。华为的价值观是:以客户为中心,以奋斗者为本,长期坚持艰苦奋斗。有了这个价值观作为指导,才能让华为无论经历何种艰难都能够明确前进的方向。没有价值观引导的企业,其实就是流氓企业,想干什么就干什么,为了利润毫无底线,为了搞掉竞争对手不择手段,这不仅会坑害消费者,还会搅乱整个市场的竞争秩序。

华为之所以能够将15万知识分子聚集在一起,形成统一的价值观念,依靠的就是源自中国传统哲学的中庸之道。中庸之道的核心就是不拿着放大镜去看人。任正非说,如果他拿着显微镜和放大镜,每天在门口观察每一位华为人,他一定会疯掉——因为他们都不是圣人,而华为办企业的目标也不是培养和尚和圣人,华为培养的是一支军队、一支商业部队。对于华为的员工来说,只要他们坚持恪守了华为的核心价值观,即便有其他错误也是可以被包容的,而如果仅仅采用非黑即白的二元论去评价人和事,则会让华为变得十分狭隘和缺乏大局。

如果一个国家丧失了危机意识，迟早会遭遇危及国计民生的重大问题。同样，如果一个企业丧失了危机意识，迟早会被市场淘汰；如果一个人丧失了危机意识，迟早会遭遇不可预知的变故。正如一句话所说：如果一个人连危机意识都没有了，危机便会像决堤的黄河水一样席卷而来。归根结底，可怕的不是危机而是缺乏危机意识，这对于所有企业来说都是一句警世恒言。

　　正是因为有了不断加速的动力和勇往直前的精神，才让华为在企业发展的道路上越走越远，越走越顺，接连创造奇迹。对于华为来说，竞争对手不可怕，强大的竞争对手也不可怕，敢于超速追赶华为的竞争对手依然是不可怕的，真正可怕的是在高速公路上悠闲地开着慢车。

香奈儿不谈性价比

现在的中国人普遍具有一种"淘宝"精神，这当然指的不是开网店，而是为了寻找一个"物美价廉"的商品，人们喜欢在好几个市场里转悠半天。于是，我们看到了美国人花几百元买了一件冲锋衣，而中国人只花几十块就搞定了，因为他们找到了"尾单"，他们买到了"物超所值"的东西。然而买回去不久，中国的消费者发现他们的冲锋衣没有防水拉链，而美国人买的有，这时他们才意识到，所谓的物超所值只是一种营销手段，一分价钱一分货，高品质的商品从来就没有性价比一说。

国内很多商家习惯用"物美价廉"作为对自己产品的宣传。的确，对消费者而言，物美价廉是一种福利，然而其背后隐藏的深层原因是：中国的企业喜欢打价格战，致使其很容易陷入一种错误的定价系统当中。根据定价理论，成本加上合理的利润决定了产品的价格，所以通常的情况是低成本可以卖高价格，但如果高成本卖低价格就违反了一定的市场原则。然而在国内有时候为了适应残酷的市场竞争需求，或者是因为缺乏合理的流通渠道，一条成本200元的羊毛围巾有可能只卖到80元。造成这种状况的原因是，产品没有响亮的品牌和附加价值，因此才出现了这种扭曲的、畸形的"性价比"。

任正非说过，再不可以忽悠中国消费者了。什么"物美价廉"，什么"让消费者享受低价"等，这些东西都是靠不住的。从根本上讲，消费者需要的永远是高质量的产品。提升产品品质，需要巨大的投入和决心，需要几十年的厚积薄发。华为向手机高端市场的冲击，就是显而易见的说明。事实上，华为已经拉开了和苹果之间的战幕，一场正面对抗已经不可避免。不过，有很多手机厂商对华为的这种战略表示不解，他们认为薄利多销才是王道，一款性价比高的手机则能更轻易地打开市场。也正是这种观念，促使不少手机厂商更愿意采用价格战的方式去抢占商机。然而在华为看来，这个观点并不正确，因为在国外，企业之间的竞争是比谁的技术更好、谁的价格卖得更高，而在国内却恰好反过来，比谁性价比最好，谁的价格卖得更低。

2015年的"618电商节"，当很多竞争对手纷纷展开促销之际，华为却没有推出任何优惠政策，反而推出了"加1元"的营销策略，让很多华为的粉丝大跌眼镜，不过很快他们就发现了这其中隐藏的"玄机"。

华为对"加1元"的解释是，手机市场千元以下的竞争属于手机厂商的生存之战，现在华为已经过了这个阶段，早已走在了为生活而战的道路上，华为需要做的是深入细致地观察消费者的需求，通过这些需求提供给消费者最需要的产品。

华为一直认为，只有产品做得更好了才能对提升品牌价值有帮助，才能真正带动销售，这也是华为能够在ASP上升时期增加销量的重要原因。如果一味地追求销量去做低端产品，片面地追求所谓的性价比，也许在短时期内能获得一些利润，但从长远来看，势必会给华为这个品牌造成严重的伤害。也正是出于做好产品的目的，华为才不惜投入巨资在全国建立了几百家服务专营店和体验店，这些花销势必要通过销售产品"补回来"，这也注定了华为的中高端手机不会存在什么"性价比"，但这正是华为追求的产品至上精神。

香奈儿是一个拥有100多年历史的著名品牌，它代表着一种高雅、简洁、精美的风格。无论是它的香水还是时装都已经演变成为一种文化，其中蕴藏的附加价值是其他品牌望尘莫及的。与这种优秀的文化传承基因相比，香奈儿不菲的价格并不会被人们吐槽，因为它已经拥有一种原创的语言和概念式的创新优势，使得这个国际品牌始终保持着现代精神。其实，华为想要追求的高端化和精品化，正是一种精神文化符号的象征，那么与之匹配的产品标签注定不会是"性价比高"。

在产品方面，华为的目标十分明确，就是要走高端路线，对手直指苹果和三星。当然，华为的高端路线也是有市场根据的，尽管国内智能手机市场呈现出下滑趋势，然而在中高端市场并没有出现这种情况，因此华为手机销量不减反增。

在华为的 P9 新品发布会上，华为明确表示："迄今为止，中国面向消费者领域还没有一个真正的全球高端品牌。我们以此为目标，可能需要 5 年至 10 年，但我们一定能看到。"华为的 P9 能够获得国内外的一致好评绝非偶然。之前，华为已经通过 P6、P7、P8 以及 Mate7 等机型成功地在高端市场站稳了脚跟，华为与德国百年传奇相机品牌徕卡合作的 P9 更是得到了充分认可。英国的《卫报》宣称，P9 将挑战苹果和三星；英国广播公司也认为，华为 P9 会重新定义高端智能手机的拍照功能。在国内，也有相当多的消费者对 P9 表示了动心。

华为想要比肩苹果，自然先要甩掉山寨机的某些印记，更要显出一种"贵族气质"，当然这种贵族气质不是故作高贵，而是用消费者手里的真金白银换来的高技术含量的手机。华为认为，一个只谈性价比的产品是不会在技术上有所突破的，特别是科技类产品，因为哪怕一点的技术进步都需要在前期投入大量的资金。所以，越是性价比高的产品，其科技含量的指数就越低，自然不会提供给消费者良好的使用体验，更不可能为企业品牌赢得市场地位。

华为能够在高端市场攻城拔寨，很重要的是因为它不断地投入研发资金和力量，一次次取得了创新突破，而这些创新的成果，恰恰是中高端人群所迫切需要的。因为对低端消费人群来说，一部智能手机若能接打电话、上上网、拍几张不那么模糊的照片似乎就可以了，但是对有更高要求的人群来说，这只是一部手机最基本的功能，他们更看重其工艺水平、文化内涵以及其他种种附加价值。也正是由于中高端人群的"挑剔"，华为在这个领域所需要耗费的精力才会更大，与其他高端产品的竞争也必然是一场持久战。

对一部高端手机来说，一款优秀的芯片十分重要。华为从 2006 年开始就自主研发手机芯片，通过掌握核心技术打造移动互联网时代的竞争优势，经过十年的时间，华为的手机芯片研发遍布全球多个地区，如俄罗斯、瑞典、新加坡等地，在无线算法、射频技术、图像处理等多个核心技术层面都取得了突破性的进展。现在华为自主研发的"麒麟"系列处理器，在性能上已经可以赶超高通、三星这样的国际巨头，能够给消费者更佳的使用体验。

众所周知，安卓手机最大的痛点就是用户体验的问题。因此华为在底层操作系统和软件系统驱动等方面都做了大量的研发工作，想借此提高用户的使用体验，而这些都不是标榜性价比的普通手机的厂商能够做到的。

从2011年转战消费者市场到现在，华为已经在国内市场上做到了三个方面的第一：市场份额第一、品牌知名度第一、净推荐值第一。追求市场份额，决定了华为不能只做平价手机，要满足高、中、低等不同消费群体的需求，这样才能实现对市场的全面覆盖；提升品牌知名度和增加净推荐值，决定了华为要重视高端消费群体的口碑传承，虽然他们基数不大，但精英分子较多，还包含了一些行业内的意见领袖，对华为的品牌美誉度建设有重要推力。

为了在全世界打出一个响亮的品牌，华为曾经慷慨地赞助米兰时装周和西班牙VOGUE等全球顶级的时尚平台，凭借时尚元素去打动消费者，此举为华为这一品牌注入了新的活力和世界影响力。华为付出的这些高额投资，也决定了它必须要在中高端市场扎下根来，这样才能收到对等的回报和高端消费群体的认同。

高端消费群体在意的永远不是价格而是品质，而品质代表着一个企业的尊严和生命，所以华为从成立那一天开始，就以匠人精神去打造产品，追求真正的"零缺陷"。在华为内部有一个规定：做业界标杆，质量标杆，一旦产品质量和业界标杆存在差距就必须快速赶超，即便成了业界标杆，华为也应当以20%的改进效率不断完善产品。为此，华为获得了"中国质量奖"。

高品质不是吹出来的，而是要在实验室中经过千锤百炼获得的。为了解决在跌落环境下致损率为三千分之一的手机摄像头质量缺陷问题，华为投入数百万元的资金不断测试并最终敲定解决方案。华为还曾经为了解决某一款热销手机的一个极小缺陷，关闭了几条生产线，重新整改，影响了几十万部手机的发货。虽然从短期看，这给华为造成了很大的损失，然而在质量面前，华为是从来不会马虎的。

除此之外，华为还和整个产业链并肩合作，在保证自身产品质量的同时不断提高其他环节中的产品质量，比如华为的手机摄像头会使用一个对焦马达，马达需要一种胶水，其质量的好坏会影响到手机拍摄中的灵敏性和速度，为了确保消费者的使用体验，华为就加强了对马达和胶水供应商的选择和管理，目的就是要用最优质的产品创造最优质的体验。

为了打造极致的用户体验，华为还建立了完善的全流程质量反馈改善体系，依托服务热线、社交媒体以及新媒体等方式收集用户反馈，对新产品不断进行完善，从而确保产品质量的提升。只有当华为的品牌价值进一步提升之后，才有可能成为真正意义上的世界性高端品牌。

看到这里相信会有更多人明白，要想追求极致的产品体验，就注定要投入更高的生产成本，消费者也要用更多的钱才能买到这样的产品。所谓性价比，只能在用户不挑剔的前提下实现。

先活下来再思考明天

联想控股董事长兼总裁柳传志曾经说过,民企应先生存后发展。其实这句话不仅对民企有用,对很多创业或者就业的个体而言,也是一句实在话。发展的基础要以存活下来为保障,人如果都饿死了,还有做梦的机会吗?

动物世界有一条生存法则:老虎咬死猎物吃掉最肥美的部位后,豺狼跑过来吃剩余部分,之后秃鹫和一些其他的小动物将最后的残渣消灭掉。如果将这个丛林法则应用到市场竞争中,那就是企业和企业之间也存在着等级严格的生态链条,而这种链条比自然界似乎更加凶险。

华为在创业之初就深谙这个法则,要学习豺狼和秃鹫,不能距离老虎太近,也不能轻易和老虎争食,否则将会自寻死路。只有先保证自己能够从市场上获利,生存下来,赢得后期技术研发的资金,才有资格升级为老虎,骄傲地站在生态链的顶端。

先生存还是先发展,这不仅是创业公司需要面对的问题,也是每一个已经做大的企业需要考虑的问题。因为越是在企业进入到发展的顶峰时,往往就越容易忽视基本生存的重要性,有时会因为一时冲动或者领导者一叶障目而作出错误的决策,最终葬送了企业发展的大好前景。

华为创业20年时组织召开了一次"奋斗表彰大会",任正非在这次大会上系统地分析了华为20年以来的成败得失，并对华为未来的成长战略和模式进行了全方位的分析，并作了一篇名为"深淘滩，低作堰"的报告。"深淘滩，低作堰"是都江堰水利工程的治水名言，是李冰父子留给后人的治水理念和思想，对今天的企业经营和管理也有着重要的启示作用。深淘滩，意味着企业要充分发挥内部潜力，减少运作成本，增强为客户提供的产品和服务的价值；低作堰是指企业要适当降低企业所获利润，让利给消费者和上游供应商。在任正非看来，未来的市场竞争是产业链和产业链的竞争，只有加强上下游产业链的联系纽带，才能为华为谋求稳定、安全的生存环境。

对于任何企业来说，无论对未来作了何种伟大的规划，首要的目标都是先活下来，只有先保证了生存才有资格去谈发展。

元朝末年，朱元璋扛起反元大旗时，他手下一个叫朱升的谋士曾经给他提了九个字的建议——高筑墙、广积粮、缓称王，意思是做好战略储备，不要急于称王给敌人树立攻击的目标，要循序渐进地谋求最终的胜局。这个战略思想用在企业经营上也具有同样的指导意义。

对于华为而言，要想长久地生存，要想在严酷的市场环境中获得生存的资格，就必须不断挖掘企业内部的潜力，通过减少运营成本来为自己积攒"战略储备"，以此来应对未知的、残酷的市场竞争。只有当生存问题得以解决之后，华为才可能有更大的发展空间。

古人云：物竞天择，适者生存。对于企业来说，短期的利益只能维持短期的生存条件，却不能保障未来的生存和发展空间，华为的企业生存法则就是确保经营渠道的畅通。因为在旷日持久的市场竞争中，能否站稳脚跟，很大程度上依靠的就是经营渠道的顺畅与否。如果上下游关系断裂，就会导致整个产业链出现卡壳，进而影响到资金回笼和再投资生产。

华为深知自己是从一个小规模的企业发展起来的，所以难免会存在一些小企业的工作风气，很多员工也受华为早期发展的思想制约，不能真正实现"职业化"，这就给华为的生存带来了挑战，也成为阻碍华为优化管理的障碍。

职业化意味着一种专业精神，而专业精神则是一个企业在市场竞争中能否突破重围并建立根据地的关键。一般认为,在相同的时间和条件下做相同的事情所耗费的成本最低,这就是职业化。因为成本事关企业的前期投入,也影响着产品的竞争力。一个企业不够职业化,或者竞争对手率先完成了职业化,这个企业的生存状况就值得担忧了。

从某种角度来看,职业化是国内企业能否长期生存的关键,也是制约着很多企业做大做强的瓶颈。那么,如何来衡量是否职业化呢?通过人均效率来衡量。比如,爱立信在内部管理上的能力就超过华为很多,华为只有缩短这些差距,才能更好地提高企业的短板。

有的企业重视远景目标,却忽略了当前任务,口号吹得震天响,然而现实的经营状况却一塌糊涂,还整天给员工"画饼充饥"……这样的思路只能将一个企业带到深沟里。华为虽然以国际化为目标,但华为从来不会因为要实现某个高远的目标而盲目进行改革,而是从现实出发,从眼前做起,对一些细节问题进行改善,将"小改进,大奖励;大建议,只鼓励"当成一条法则来执行。

有些企业之所以经常面临生存问题,在于其不能及时妥善地解决现存的某些弊病。华为则从来不避讳自身的缺陷,能够及时处理问题。华为能够清醒地认识到,虽然公司经过多年的改良已经减少了粗放运营的很多弊病,然而面对未来市场仍然有很多问题亟待解决。

西方的职业化是经历了一百多年的市场变革才逐渐形成的,华为认识到只有借鉴西方企业的方法去规范企业的经营和管理,才能有助于提高员工的专业化能力。因为面对未来的风险,只有通过规则来对待不确定的结果,才能增强抗风险的成功率,才能保证企业在未来发展中更加自由。

对于企业而言,追求利益是可持续发展的第一动力,也是企业内部成长和发展的基因所在。华为认为,那种不断亏损的企业是世界上最无耻的企业,那种长年累月创造财务赤字的企业家是最失败的企业家,因为他们违背了企业和企业家的基本功能,连生存都成问题的企业是被异化的企业。

想要生存,首先就要增强企业自身实力,再美好的愿景也不能替代现实,再感人的泪水也无法打动市场。那么,企业需要依靠什么手段才能增强自身对利益的追求呢？只能依靠企业自身的功力——资源、能力、业绩等。只有具备了生存能力，才能冲破资源和竞争的束缚，持续不断地获得外部利益。如果一个企业缺失了生存能力，或者不重视生存现状，就很容易偏离经营主道而走向机会主义。

回顾中国改革开放的几十年，早期的确有一些企业因为抓住了某个机会获得了短暂的高额回报，于是就将这种手段视作生存策略，然而它们忽视了一个重要的问题：短暂的利益不是企业追求的终极目标。所以，很多投机的企业走向了衰落或者归于沉寂，因为它们原本就不具备市场生存能力。

市场经济的公平和公正性，迫使每一个企业必须具备生存能力，这种生存能力可以分为经营和管理能力。虽然经营和管理是企业永远要面对的两个课题，然而很多人却容易将这两个概念搞混。

经营，其实就是组织目的的最大化，是以客户为中心，以获得利润的最大化为目的；管理，本质上是要服从于经营的，企业的管理无法直接为企业获利，却能为企业获利提供有力的支撑和保障，而管理意味着高效率，管理就是和低下的执行力做斗争的手段和方法。华为一直努力锤炼自己的生存能力，也就是一切以获利为焦点，这看起来很简单直接，但正是这样一种朴素的经营信条，才使华为能在残酷的竞争中立足，并在这个过程中不断优化管理、改善经营。这是一种基于企业立足的根本商业逻辑，也是一种应对市场竞争的智慧思考。华为将生存当作头等大事来做，才能为未来的发展奠定坚实的基础。

笨鸟死在笼子里

心理学上有一个名词叫作鸟笼思维，它源自于一个故事。

甲和乙是一对好朋友，有一天甲对乙说："如果我送你一只鸟笼，并且挂在你家中最显眼的地方，我保证你过不了多久就会去买一只鸟回来。"乙觉得甲说得很好笑，就不以为然地回答："养一只鸟多麻烦啊，我才不会做这种傻事呢。"没过多久，甲真的买了一个漂亮的鸟笼挂在乙的家中。在接下来的几天里，凡是来到乙家的人都会问他："你的鸟什么时候死的？为什么死了啊？"无论乙如何解释，人们都无法理解乙不养鸟为什么还要挂个鸟笼。最后人们甚至怀疑乙的精神是不是出了什么问题。乙被逼无奈，只好买了一只鸟放进鸟笼里，这样才终止了大家的疑问。这种被别人用习惯思维进行逻辑绑架的事情，在现实生活中并不少见。

这个故事告诉人们，挂一个鸟笼在房间里，主人必须面对两个选择：要么把鸟笼扔掉，要么买一只鸟放在笼子里，这种习惯性地遵循以前的思路考虑问题的惯性思维就是"鸟笼逻辑"。那些认为挂了鸟笼就是家里养过鸟的人，显然是被惯性思维严重束缚了，所以他们做出的逻辑推论恰恰是最没有逻辑性的，最可怕的是，这类人在生活中十分常见。当人们想要改变传统思维时，往往会遭遇这种鸟笼逻辑的绑架和阻碍。

有人说，世界上唯一不变的东西就是变化，"适者生存"的准确说法是"变者生存"。很多曾经辉煌的大企业，都因为懒于创新而最终烟消云散。这些曾经不可一世的巨头倒下，归根结底是不想放弃既得利益又缺乏勇气创新的结果。当今社会处于一个飞速变化的时代，尤其是信息和通信技术这个产业，想要获得生存只能不断地去创新，虽然创新有风险，然而不创新则会面临更大的生存风险。

人们常说笨鸟先飞，此话有理，然而很多笨鸟连笼子都打不开，只能白白被困死在里面。对于企业发展来说，创新就是打开笼子，而飞出去就是寻找食物，就是获取利润，不能完成第一步就不会有第二步。

华为敢于打破常规，这源于一种自我批判的精神，它会促进华为勇敢地进行颠覆性的创新，从来不会担心因为创新会砸了自己的饭碗。然而，创新并不是盲目的。

首先，创新者要给自己寻找正确的动力，才能让创新有目标和实用价值。华为一直坚持以客户需求为中心来做产品，同时也不放弃以技术创新为中心为未来铺垫平台。对于华为来说，技术专家随时可以创新，但是他们不能掌控应用的走向，而是需要依据市场也就是消费者的需求进行创新。只有研究和开发合适的产品与服务，才能面对未来的技术进步，才能占领战略高地。

在华为有一句流行语：领先半步是先进，领先三步成先烈。这句话明确指出了"过度创新"所带来的危害。华为认为，超越时代太多的技术虽然是人类社会的财富，但一定会以牺牲企业根本利益为代价。在互联网的寒冬时代，死掉的那些企业并非都是因为技术落后，相反，是因为有些技术和理念太超前没有被完全认可而死掉的。那些领先世界潮流的科技，虽然投入了大量的财力和物力，却未必是最后的赢家。因此华为在产品技术创新中保持只领先对手半步的技术优势，以这样的方式维系华为的根本利益和长远利益。

其次，创新者应当寻找另一个创新者，懂得进行"创新思维共享"，这样才能将创新力提升到最大值。就像一只笨鸟如果懂得和聪明的鸟交流，也能学会打开笼子的技巧。

有一群穷人向上帝乞讨食物，上帝出于怜悯，发给他们一些食物和一把手柄很长的勺子，规定他们必须握着勺柄吃饭，还表示十天之内饿死的人会下地狱，十天以后还能活着的人会上天堂。很快，这一群人分成了两伙，一伙人握着长长的勺子，看着面前的食物无可奈何，最终全部饿死下了地狱。另一伙人却用勺子互相喂食，最终得以存活，全部上了天堂。

合作就意味着要具有开放的心态和经营模式，华为的软件如果不开放，就不会带来附加价值，也不会有太多的收益，更无法将研发出来的核心技术实现利益的最大化。为此，华为经常让一些部门负责人、技术专家多参加国际会议，和他人进行思想交流，这样很容易就会碰撞出思想火花，从而转化为华为自身的生产力。

再次，要学会在前一个创新者的基础上进行"二次创新"，减少甚至避免自己走弯路。正如人们常说的"站在巨人的肩膀上"，对于像华为这样的高端技术企业，不能只狭隘地强调自主知识产权，而是要把全球的科技都吸纳进来并通过市场进行检验。然而，这个技术共享只能当成一种理念，让认同这个理念的企业与华为进行技术合作，而对于那些不认同技术共享的企业则没有约束力。华为对研究和创新的约束是有边界的，产品无论怎样创新都必须以满足商业需求为前提，华为要成就的是华为的梦想而非全人类的梦想，所以创新要有度。

既然要创新，就要敢于突破自己原有的优势，将旧优势转化为新优势，这样才不会被时代所抛弃。当年摩托罗拉发明了蜂窝通信，然而现在却一蹶不振；柯达发明了数码相机，现在却销声匿迹……这些曾经引导行业创新的巨头，并不是因为技术落后被淘汰，而是没有准确预测到未来又不愿意放弃既得利益，不敢自己推翻自己，结果最终走向了失败。从这个角度来看，规模越大的企业往往是牵一发而动全身，越容易谨小慎微，越会在意自己的利益得失。为了避免这种情况的发生，华为不断给自己打气，让自己敢于面对行业拐点所带来的冲击。

一只鸟想要离开笼子飞向天空，它所追求的是自由，如果仅仅以吃到更多食物为目的，那么还不如安安稳稳地待在笼子里，将风险降到最低。华为的创新是价值性的创新，不会轻易进行颠覆性的创新，因为这种创新只适合规模较小的企业，但是这并不意味着华为害怕创新，其实华为也做好了创新的准备，不过前提是条件和时机要成熟。为此，华为长期关注着未来5到10年的社会需求变化，加强创新的延续性，而这种创新由于具备了开放性，就能够不断对外吸收能量，最后演变为颠覆性创新。

最后，创新要有创新的资本，一个从来没有做过一把椅子的木匠，想要对一张桌子进行创新，恐怕是难上加难。对于企业来说也是如此，如果没有经验基础和技术基础就想创新，这几乎是一种作死的行为。

在华为看来，未来市场的竞争一定是知识产权的竞争。身为一个和国际企业竞争的科技公司，如果不能掌握先进的技术就难以生存，也无法走在时代的最前沿，因此华为要求每一位员工要像爱护眼睛那样爱护公司的知识产权。在华为看来，很多伟大的公司都是因知识产权而诞生，所以要不断谋求保护知识产权的良好环境，这样才能给自己创造出成为一个伟大企业的机会。

要创新，就难免会遭遇失败，任何科研都不可能全部成功，总会面临着一定的风险。华为的理念是：如果所有研发上报的科研项目100%成功了，那恰好说明这些科研本来就是错误的，因为这从侧面反映了没有大胆地尝试，这种保守主义才是最严重的资源浪费，只有勇于试错，才可能获得最宝贵的创新结果。华为正是因为敢于创新，敢于突破鸟笼思维，才走出了一条不按常理出牌的中国企业崛起之路。

其实人人都在鸟笼中，只是有的人轻而易举地打开了笼子，有的人却始终找不到正确的打开方式，还有一部分人安于现状，只想在鸟笼里安稳地过一生。

如何在全球做生意

如何在海外谋求发展空间，是华为走向国际化道路必须要面对的问题。事实上，华为的崛起已经引发了一个面向全球的重要问题：中国能否在价值链上持续攀升并复制在低端制造业上的伟大成功？如果华为真的能创造这种突破，那就意味着会对老牌高科技企业造成直接威胁。

俗话说，强龙不压地头蛇，何况面对海外市场，华为目前还不能算是一条实力绝对强大的龙，只能说是一条在茁壮成长中的龙。和华为一起向海外市场进军的还有联想等科技电子公司，随着这些企业在全球知名度的逐渐提高，很可能会带动国内很多企业重塑在各行业优势的信心。

目前华为在国内市场中已是领军者，同时也在谋求着多元化的增长来源。在华为向香港电信运营商和记黄埔出售交换机之后，便马不停蹄地向非洲、巴西以及俄罗斯等国寻找新的商机。华为正在将电信业做得更加国际化。华为曾经表示："如果公司想生存下去，就必须在全球做生意。"

由于中国企业长期以低端制造业闻名世界，所以一些人认为中国产出的东西虽然廉价却质量堪忧，为此华为不断和这种观点作斗争。华为一直采用主动积极的战术去赢得合同，价格一度成为华为在竞争中的有力武器。华为能够走向世界，主要还是依靠着一群技术过硬的工程师,在保证技术含量,保证产品质量的前提下产品价格还比很多老牌供应商低30%。

强龙去打地头蛇,不能单纯依靠蛮力,还需要一些技巧,比如商业上的刺激手段。2001年,法国电信运营商及互联网服务提供商Neuf Telecom打算建立一个宽带互联网络,选定了一些公司参加它们的投标,很快华为打来电话问是否能参与这次竞争。法国方面表示很感兴趣但是并不了解华为部署网络的能力,华为马上给法国方面一个很诱人的报价并作出承诺:华为将建设部分网络并负责运营3个月,以便Neuf的工程师可以对其进行检测,而所有这些服务都是免费的。后来,华为用了不到3个月的时间就建成了这部分网络,总花费为几百万欧元,终于拿到了这份合同,为法国方面节省了原有预算的10%～20%。

在海外市场,华为很喜欢通过定制技术的方式去打动客户,以便更好地满足他们的需求。当初日本公司在海外进行扩张时,总会从总部派出一些管理者去参与项目,而华为则是聘用当地的人员去攻坚,效果则更好。

强龙要打败地头蛇,单靠强龙一己之力是万万不够的,还要学会借力。因此华为采取本土雇用策略。比如在法国,华为将硬件安装和一部分服务外包给当地的合作商,另外产品销售和项目经理也是从当地人中挑选,就连任用工程师也遵循本土优先的原则。通过这些措施,华为尽可能地将自己打造成为一个跨国企业。华为在德国的第一批管理者十分渴望适应环境,为此甚至还用笔记记录德国人的衣装打扮,因为在德国,技术人员如果穿着西装就显得很不合适,会让人觉得怪怪的。

本土化策略帮助华为与当地的消费者、运营商以及社会大众拉近了关系,创造了更多的合作机会。2010年4月,波兰总统飞机失事,在华为东北欧地区部的波兰籍高管和员工的协助下,华为和波兰的TPSA(当地通讯运营商)成立了空难基金会,旨在帮助因空难失去父母的儿童,此举让华为赢得了波兰人民的信任和好感,为海外市场的拓展提供了更强的动力。

为了进一步降低成本,有很多跨国企业都谋求重组和整合,其根本原因在于中国企业在市场上提供了较低的价格,这就给像华为这样积极拓展海外市场的中国企业提供了更多商机。因此出于削减成本的需要,现在很多全球电信提供商正在将更多的业务活动转移到中国，以此来借用中国低成本的工程和强大的制造能力。

华为的本地化战略给很多海外企业提供了一条思路：当更多跨国企业不得不为客户提供更复杂更优质的服务时，可以尝试通过与华为这样的企业进行合作，这样能够节约很多成本。从某种程度上看，华为采用这一策略揭开了科技基础设施远景的面纱：东西越来越先进然而服务却越来越低廉。现在，华为正在逐步对其他国家国内的高科技企业产生影响，至于这种影响有多大，取决于华为未来能否在国际上占据更大的市场份额以及能否在国内市场开辟更多的份额。

日本和韩国的企业在最初进入海外市场时都遭遇过这种情况：它们的产品被认为是质量低劣的产品。如今华为的产品也同样会被质疑，也就是说海外的消费者对中国企业的产品质量比较担忧。曾经有一位在华为工作过的观察员表示，华为有很多产品似乎是从其他公司的产品中反向设计出来的，言外之意是华为可能存在抄袭。

然而认为华为"抄袭"其实是一种无端的猜测，因为华为是一个十分注重知识产权保护的企业，它最担心的就是在技术专利上被对手超越，自然也不会冒这个风险让自己惹祸上身。华为在进入海外市场时，曾经被思科系统提起诉讼，称华为侵犯他们的知识产权。华为不想长期陷于这种纠纷中，不得不修改了引起争议的产品，这才息事宁人。

对待质疑华为创新能力的海外市场，华为一向都是以事实说话，他们会列出很多技术产品清单，让公众看到华为的哪些产品是原创的。对此，华为曾经对外宣称："如果你和我们的竞争对手交谈，它们总会这么说：'质疑华为的创新能力。'对它们而言，这是在这些市场阻挡我们的最有效策略。"

想要压倒地头蛇，单靠创新还是不够，还需要资金上的大力支持。不过对于海外扩张来说，成本很难估算，因为有太多不确定的因素。为此华为一度通过银行贷款来渡过难关，而且常常是不惜一切代价。为此，华为经常以优厚的待遇从海外竞争对手中挖来人才。另外，由于在海外需要经常和当地的服务机构进行合作，导致华为的经营成本也持续增加，但是华为认为这些钱都是花在了刀刃上，因为如果不花钱壮大华为的海外力量，就难以符合当地的技术标准，就不可能为华为赢得一个稳定的市场环境。

尽管投入巨大，但华为并没有陷入入不敷出的境地，依然能够维系正常的现金流。华为更愿意在不受外部投资者审查的情况下展开业务，这也是华为一直不肯上市的原因，因为在一个由上市公司主导的市场中，不上市的公司可以不必透露财务结果，这样能更加自由地决策。

由于华为的大部分竞争对手都是上市公司，所以它们在投资、定价或者产品等方面想要作出决策，就必须要过股东这一关。当然，正因为华为公开的财务细节较少，所以关于华为总是有些负面的传闻，对此华为除了正面回应谣言之外，也不断通过提高财务工作的透明度来回击外界的各种猜测。但不管怎样，不上市的华为确实在海外市场打败了一批上市公司，这是不可辩驳的事实。

任正非曾说过："我们在荷兰得到了那个大机会，但这并不意味着，我们已经遍布欧洲。要赢得不同国家消费者的信赖，我们还有很长、很长的路要走。"的确，经营海外市场需要高于经营国内市场更多倍的努力，更需要高明的智慧和耐力，因为"地头蛇们"具备天然的竞争优势，"强龙"只有以亮剑精神去搏杀才能获得更高的胜算。

Part 3

战略：征服星辰大海的魄力

盯好定期存款

俗话说，手有余粮好过冬。随着全球经济发展速度放缓，有一些人给出了比较消极的言论，一些企业也感觉到了"寒冬"的降临。居安思危，企业如何过冬、如何应对经济形势的走低，成为当下一个共同关注的话题。

幸好，华为是一个最不惧怕"寒冬"的企业。

对华为的现有生存环境而言，似乎还从未体验过真正"温暖的春天"。华为之所以能够在全球市场上赢得令人刮目相看的成就，并非是因为它一直生长在春天里，恰恰相反，华为一直与"寒冬"相伴，锻炼了一套"防寒、耐寒"的方法。

企业要想生存，就要学会等待机会，哪怕遭遇了经济发展的严重瓶颈甚至是经济状况的恶化，也要至少通过保存实力来求得未来的辉煌。华为在其发展历程中，一度冲破了多次"寒冬"，都得以顺利地挺了过来。

2016年以来，国内陷入"双创"的热潮中，似乎全社会都对"双创"抱有不切实际的幻想。创业说出来很好听，尤其那些不经世事的人就像打了鸡血一样兴奋，然而轮到实际操作时却是很难的，轻者赔光老本，重者倾家荡产甚至妻离子散。所以，只有做好必要的心理准备才有资格去谈创业。同理，创新也是一件极具风险的事情，客观地说，很多人并不适合创新，更适合从事平凡和琐碎的工作。同样的，对于一个企业来说，盲目的创新可能会让一个企业偏离前进的方向。

华为在初创时期就面临着异常艰险的状况：任正非离开了国有企业，婚姻失败，不得不抚养一双儿女，还要赡养老人，当时手中只有区区 3000 块钱，而深圳对高科技企业的注册规定是股东不能少于五人，注册资本不能低于两万。万般无奈之下，任正非硬拉着其他几位股东东拼西凑了 2.1 万元才让华为注册成功。之后，华为也有过拆借贷款和发不出工资的经历，很多员工领到手里的只有一张白条。不过这些事实恰好证明：大多数企业在初创时期都会遭遇一定的困难，这也是企业发展的必由之路。

下面就让我们历数一下华为闯过去的"冬天"。

第一个"冬天"——《劳动合同法》。

在《劳动合同法》颁布之后，华为和其他很多民营企业都面临着巨大的压力，甚至有人称华为打响了"反对《劳动合同法》的第一枪"，不过后来证实打响这一枪的是央视。当时，中央电视台率先和 1800 人解除了劳动合同。然而华为却被到处调查，几乎成了人人喊打的对象。如果换成其他企业，很可能在这次打压危机之后就会变得一蹶不振，然而华为最终还是凭借过硬的基础挺了过来。

第二个"冬天"——竞争对手的围攻打击。

华为的主要竞争对手来自国外，然而这些对手也都不是省油的灯，曾经有对手将华为告上法庭，打算将华为置于死地。华为高管在赶往美国应诉之前，任正非下达了命令："要学韩信能忍胯下之辱，但是，你们要站着回来。"结果华为最终没有倒下，反而在重重阻力之下成就了今天的崛起。

第三个"冬天"——国际化道路上的艰难。

华为几乎是抱着"风萧萧兮易水寒，壮士一去兮不复还"的信念走上国际战场的。它深知此去凶多吉少，而且一旦国际化道路失败，华为就要退出海外市场，之前投入的人力和物力都会化为乌有，所以华为绝不能允许这种失败。最终，华为通过本地化战略等手段在国际市场站稳了脚跟。

第四个"冬天"——2000 年的泡沫。

在千禧年经济危机时期，华为也遭遇了三大危机：一是市场低迷，订单减少，企业销售收入第一次出现负增长。在这种恶劣的经济环境下，华为无法独善其身，虽然遭遇的是唯一的一次负增长，但却是一次严重的心理考验。二是高管和员工的流失。华为从高处瞬间跌落下来，自然会产生人心不稳的状况，会让人觉得公司做不下去了，所以引发了比较严重的离职危机，甚至还有人将华为的知识产权带到外面创业，以至于当时很多人认为华为可能会就此倒下。三是技术制式的困惑。华为曾经为选择哪一种技术制式而发愁，因为当时还无法判断 CDMA 和 WCDMA 哪一个更有前途、更适合华为，这是一次对华为高层领导智慧的严峻考验。

正是因为华为始终和冬天相伴，所以它修炼出了一套真正过硬的过冬本领。

首先，华为擅长给自己减压。

一些企业在发生负增长之后，首先想到的对策就是裁员或者是降薪，而降薪通常是从基层员工开始，华为恰恰反其道而行之——从管理层开始降薪。2003年4月，由于华为未能完成上一年的销售目标，所以以任正非为首的总监级以上的高层领导中，有454个人主动申请降薪10%，最后华为批准了362人。

既然要过冬，就不能将余粮全都吃掉，更不能连种子也一块吃掉，否则当春天到来时拿什么去播种呢？这就是华为的"过冬理论"。在这个理论的指导下，华为决定不通过裁员这种手段去应对困难，因为如果开除的员工太多了，就会对企业造成极大的伤害从而彻底葬送华为的未来。所以华为选择让员工留下来和企业共渡难关，等待转机。为此，华为在《华为基本法》中明确规定：公司在经济不景气时期以及事业成长暂时受挫的阶段，根据事业发展需要启动自动降薪制度，避免过度裁员与人才流失，确保公司渡过难关。到目前为止，自动降薪制度依然是华为坚守的一条应对风险的策略。

其次，华为会通过"权谋"来克制恶劣的生存环境。

任正非不止一次地向全体员工提问：假如有一天公司销售额下降甚至破产，该怎么办？最后任正非给出了答案：当企业外部没有粮食可收的时候，当经营受挫的时候，也正是强化内部管理的时机。因此，任正非认为最基础的管理才是过冬的必要保证，这个思想在华为从未被动摇过。所谓经营和管理的平衡，其实就是一种对等关系，即一个企业的管理策略要和它的经营能力相配套，所以一个年入十几万的小企业去学微软的人才管理未必适用这种均衡。对于国内企业而言，普遍面对的问题是经营能力强而管理能力弱，所以华为非常重视保持它们的平衡。

权谋不仅包括华为自己的权谋，还包括其他人的权谋。华为为了修炼过冬的能力，曾经向日本企业学习相关经验。2001年，任正非去了日本，当他们一行人来到松下公司时，赫然看到一幅宣传画：一艘大船即将撞到冰山。画外配了一行文字："能挽救这条船的，唯有你！"任正非看了之后十分感慨，他认为只要企业具备了这种危机意识就能突破难关获得生存的机会。

事实上，日本很多企业过冬长达20年却依然挺了下来，而中国很多企业在经历了2008年的金融危机之后就退出了历史舞台。为此，任正非曾说："什么是成功？是要像日本的松下、丰田那些企业一样，历经九死一生还能好好地活着，这才是真正的成功。因此，华为并没有成功，只是在成长。"虽然任正非的日本之行只有七天，然而他和松下、NEC这些企业展开的交流，激发了他无数的思考，任正非坚信华为的冬天迟早都会过去，最终会达到事业的新高峰。

最后，华为懂得为自己拓展生存领地，从而来躲避"寒冬"的到来。

过冬不是只躲在家里躲避寒冷，而是要做好对房屋内部的加固和重建。换个角度看，在银行的定期存款利率下调之后，就应当找找其他利率较高的银行。2000年，华为召开了欢送海外将士的出征大会，鼓励一部分人去新的市场寻求新技术和新信息。随后不久，华为又派出了2000名研发人员到海外学习技术，虽然这一批人都是上有老下有小的老员工，却都愿意接受这个艰巨的任务。

从这个角度看，企业遭遇冬天不可怕，可怕的是不知道该如何应对。任正非说：唯有惶者才能生存。也就是说，练就过冬的本领不如早早具备危机意识，因为危机意识能促使企业作出风险预案，将自身的损失降低到最小。在华为看来，中国真的有一批不怕死、爱折腾的企业，看起来不可一世，然而一红就死，严重缺乏风险预估。华为不会犯这样的错误，因为华为会在寒冬降临之前为自己储存余粮。

曾经有一位记者采访松下幸之助时问他有什么成功的秘密，松下幸之助说没有秘密，记者又问他有何成功经验，松下幸之助还是说没有，最后记者问他有没有什么心得，松下幸之助回答说："下雨打伞。"其实，这句话反映的是要按照规律办事，不与自然规律和社会法则相对抗，只有遵循这种规律才能确保企业平稳度过各类危机。

华为正是通过这一系列的有效措施，才练就了与严冬相抗衡的过硬本领，在一次次危机压覆之下渡过难关，并获得凤凰涅槃式的重生，这是华为对冬天的最好致敬。

打开导航

对于高科技企业来说,在技术探索和产品开发的道路上,常常会遭遇一些岔路口,如果选择对了,前途光明;选择错了,则万劫不复。听到这儿可能会让人觉得有些毛骨悚然,可经营企业的确如此凶险。那么,究竟该怎样发展才是未来的出路?这需要企业有着明确的战略指导思维。

2016年5月,任正非谈到了华为未来的战略发展问题。关于华为的定位,任正非称,华为要做一个管道式操作系统,下面操作管道,中间平台是网络集成,对上还要有能力开放,把所有内容接进来,实现管道的三点衔接。

在任正非看来,当前的人类社会正处于一个转折时期,未来二三十年之内很可能会变成智能社会,而智能社会就是信息大爆炸的时代,华为不能再像以前那样只赌一个方向,而要从多条路径出发。任正非说,今天华为实际上还是工程商人,即使在创新这个层面也是工程领域的创新,并非技术理论领域的创新。

关于VR产业,任正非的看法是VR需要低时延(指数据包第一个比特进入路由器到最后一比特从路由器输出的时间间隔较短),所以华为目前还做不到,需要理性认清VR产业的发展规律,保持足够的战略耐心。如果VR发展速度过快就会出现泡沫,所以此时应当在基础研究上下功夫,走一条后发制人的路线。对于移动芯片的发展，任正非认为，网络标准正在从简单过渡到复杂，随着技术水平的不断提高，这些标准可能会变得越来越简单，而在这个交替的过程中会产生一些变化。现在有人提出人工智能可能会部分取代人类的观点，任正非认为人类的生产和服务过程可能会实现智能化，过去人们期待的物质财富和精神财富都可能实现，至少精神财富方面是容易达到的。

在谈到了上述内容之后，任正非对华为未来二三十年的发展作了预估：华为一定能活着而且一定能成功。因为早在七八年前华为就已经将"人才金字塔"炸掉了，在华为看来，人才金字塔就是一个封闭的模型，塔尖的这个人有多高远的视野决定着金字塔有多大。然而在炸开了塔尖之后就组合了很多精英，就会依靠人们共同探索战略方向和前进方向，而非一个人来判断局势。封闭式的人才组合只能发挥塔尖上的人的能力，而开放式的人才组合能够让每个人各显其能。

华为的战略分为"三步走"。这三步走决定了华为对未来市场拓展路线的状态，无论是当初进军手机市场还是现在布局车联网，都是华为进行的重要战略决策，这些决策将决定华为日后的发展态势。

第一步战略：抓住行业核心，关注社会发展动向。

任何一个行业的结构和流程都是复杂多变的，想要让每个组成部分和流程环节达到最优并非易事，只有抓住行业的核心才能获得立足的根本。对于华为这样的高科技通信技术企业，行业核心是紧跟潮流和服务大众，如果脱离时代和大众就失去了发展方向。在华为发展的早期，由于缺乏行业经验，只能从一些西方企业的案例中复制经验，效果并不理想，所以华为开始学会独立思考并自己摸索成功之道，逐渐认清了时代和大众对信息与通信技术的需求，明确了企业的发展目标。

第二步战略：以客户和市场需求作为基本中心。

客户和市场就是华为前进的导航灯，有了这盏明灯的指引，华为才能结合自身优势，对市场环境作出准确的判断和快速的反应，最终敲定战略决策。这种理念在华为的企业发展史中起到了重要的推动作用，也是华为顺利实现国际化的关键。在华为看来，市场和客户就是一切工作的核心，比如产品的研发是否能够立项，产品的设计思路和研发路标怎样确定以及相关技术的标准如何选择等，这些都不是盲目得出的数据,而是从市场和客户那里获得的。当一个企业紧紧抓住市场的脉搏和客户的需求之后,就容易作出正确的战略决策,反之则会遭遇失败。

全球信息产业领导企业IBM在发展中就遭遇了这种情况,IBM在20世纪50年代进入计算机行业,顺应了市场从机械计算转向电子计算的时代潮流,20世纪60年代开发出的大型机也符合市场和客户的需求,促使公司进一步壮大。然而在进入20世纪70年代以后,IBM开始变得以企业自身为中心,不去考察客户的需求甚至不思进取,导致后来开发出的新产品仅仅是原有产品线的复制,并没有真正做到创新和突破,最终导致了大型机业务开始衰退。如果当时IBM能够看到小型机、PC机和便携机的发展前景,就不会出现这种经营的低潮。虽然在20世纪90年代IBM的ThinkPad电脑为它扳回了一局,然而此时苹果等公司的出现已经为它日后将PC部门卖给联想公司埋下了伏笔。

第三步战略:依靠强大的能力完成战略部署。

身为一家高新技术企业,华为在技术研发方面确实有很多过人之处,比如它的"低成本研发",都是很多国内企业所不具备的研发能力。后来有人计算过,华为投入1块钱研发,相当于欧洲公司投入10块钱,这意味着华为的研发成本逐渐降低,但是研发能力却不断增强。

但凡是高端的科技企业,一定要对时代的变化作出准确的预判,这样才能在进入拐点之前就能做好最充分的准备,不然很可能在遭遇尖化时被打个措手不及。由于华为具备了快速的市场反应能力,所以能够作出准确的战略计划,能够在短时间内根据客户和市场的需求研发产品。

华为的三步走战略作用在具体的业务领域中都体现出了强大的推动力。以手机业为例,华为其实在2003年就准备做手机,直到2005年才获得中国销售和生产手机的许可,此前主要是摩托罗拉的代工厂。2007年第一代iphone问世之后,苹果、三星等智能手机快速发展,华为紧随其后正式向智能手机进军并推出了一系列机型,到2013年已经稳居全球智能手机市场份额第三。华为在手机领域的成功,一方面依托它在通信领域技术优势的延伸,另一方面是华为在相对低迷的通信设备市场中找寻到了新的亮点。

华为的三大业务领域主要包含运营商业务、企业级业务和消费者终端业务，而终端业务是从小灵通开始的。当初，UT斯达康因为小灵通一时间风靡全国，甚至瞄准了华为的业务领域，准备通过小灵通的高额利润捆绑销售交换、光网络和无线产品，最终进入华为的地盘。

面对市场的风云突破，华为马上作出了反击，主动进入小灵通业务市场，依据自身强大的销售渠道很快占领了四分之一的市场份额。随后，小灵通业务进入平台期，到2007年已经明显走了下坡路，这时恰好沃达丰主管销售的高管来华为访问，随口问了一句有没有3G数据卡，华为意识到这是一个重要的机会，于是便很快代工（即代为生产，华为是初始设备制造商，产品完工后贴上其他公司的品牌销售）了一款给沃达丰用，同时开始开发自己的产品。

华为以敏锐的市场洞察力和快速的反应力进入了3G数据卡业务，同时还突破了数据卡业务的两个技术难点，极大地提升了市场占有率。很快，苹果智能手机的横空出世，让华为意识到3G时代马上就要到来，智能手机可能会替代便携式电脑，而便携式电脑是数据卡的主要载体，智能手机热销一定会冲击数据卡的销量，华为由此加入了智能手机的残酷竞争中。

从华为进军手机业务的战略决策可以看出，华为的战略思想核心和战略路径的正确指导意义。华为是一家高科技企业，能够在技术日新月异的今天把握住市场的走向，虽然还没有成为时代的缔造者但绝不会成为时代的落后者。这种跨界战略思维本质上是以攻为守的防御方式，极具战略前瞻性。比如，华为能够从信息爆炸时代的某些特征中意识到3G时代的重要性，能够做出快速的市场反应，通过合理的判断将自身的优势充分发挥出来，形成正确的战略选择。另外，华为自身积累的技术优势，也是帮助它推动这些战略计划落地实施的重要保障。

布局车联网是华为战略思想的一次重要升级。在移动互联网到来之后，信息技术的高速发展给社会带来了革命性的影响和变化，而华为身处信息和通信设备行业更具有高度创新和密集研发等特点，决定了华为的战略不能和时代的更新相背离。因此华为的战略呈现出一种明智且富有时代气息的特征。

2007年华为就提出了"端管云"的战略——车联网的核心技术架构。"端管云"

是指客户的所见所用不再局限于以终端数据为主，而是通过云平台和云服务提供，再通过智能管道传递到各个终端，实现终端之间无缝切换的"云内容"。在 4G 时代还没有真正开始的阶段，华为就已经投入大量时间、精力和资金运用在 5G 研究的方向上，在全球建立了 9 个 5G 创新研究中心，希望由此掌控新时代的发展契机，来改变消费者的工作和生活方式。这是华为面对生存危机而努力拓展生存半径的关键一步，华为将自身的战略格局提升到了新的层次上。

华为在充分考量自身的优势和能力的同时，又认真考察了市场和客户的需求，作出了明确的战略选择，逐渐布局新的业务点，将朝着 IT 公司转型，大力开发物联网并在物联网平台上扮演官道商的角色。

抢占移动终端是历史发展的必然，因为移动终端将在未来主导人们的生活，是一个可以预见的"蓝海"，谁掌控了移动终端谁就掌控了未来信息化的大市场，谁就能让消费者围着你团团转。现在智能手机作为移动终端的主体已经呈现出这种发展态势，随着技术的进步还会进入后智能手机时代，因此有人认为汽车是被看好的下一代，它将成为电脑和智能终端的新载体。所以，华为将目光投放在车联网上，顺应了市场的需求和时代的变化。

相关数据显示，2022 年，国内所有的汽车都会纳入车联网的管控范畴当中，而在 2018 年，全球车联网市场规模将达 390 亿欧元。从行业发展趋势和市场数据这两个方面可以发现，未来车联网将成为新的市场增长点，华为看到了这种强大市场的发展潜力。

当然，光有市场前景也是不够的，想要进入这块新的战场还必须要具备一定的占领条件。华为在掌控全球网络方面有着突出的优势，因为它现在是全球第二大通讯供应商，无论是在平台支撑还是技术储备上都有明显优势。而且，华为很早就开始进入车联网领域，积累了丰富的经验，还在国外参与了不少车联网项目，是国际几大标准组织的参与者。另外，华为和国内外其他竞争者相比，在技术、资本和人才等方面都有明显的优势。

现在，敢想敢做的华为已经敲定了新战略，与东风和长安两大汽车品牌的合作，对智能汽车领域和车联网的发展将起到强大的推动作用，迎来双赢的良好开局。人们常说敢想就成功了一半,而华为正是一个想象力丰富的企业,它会用实际行动证明它的想法的可实现性,这也是华为可敬、可畏和可爱的地方。

　　按照华为的新战略思想,未来很可能会有更重大的战略选择和调整,也会在战略定位和布局方面有更加清晰的规划。假设华为将管道当成核心战略进行链式布局,将会打造出一个开放性更强的行业生态,也会逐步实现它谋求多年的战略宏图。华为就像配备了一部高端导航仪的赛车,在崎岖复杂的道路上也能玩出花式动作并博得观众们的喝彩。

蛋和鸡都放在一个篮子

先有鸡还是先有蛋？这一直是备受争议的近乎哲学性的问题。其实鸡和蛋只是两种不同形态的存在，本身并不矛盾。企业在拓展业务时也会遭遇鸡和蛋的博弈论：有时候孵化的是蛋，未来可能会变成鸡，而有时候直接拿出的是鸡（成品）……归根结底，这只是形态上的差别而非内容上的差别。

智能手机市场一直被划分为中高端和低端两个市场，对于那些新兴的公司来说，它们更喜欢从低端市场入手，等到实力强大之后再进入高端市场。而那些国际大牌厂商更青睐于瞄准中高端市场，甚至认为做低端市场会降低自己的身价。

华为虽然将主要的目标放在了中高端市场，但这并不意味着它打算放弃低端市场。2014 年，任正非就在一次内部战略务虚会上发表讲话，强调华为在争夺高端市场的同时，千万不能把低端市场丢了。

华为现在采取的是"针尖战略"，这种战略是将企业的全部力量集中在一点，努力向一个方向进攻。这样做的好处是突破能力强、颠覆效果明显，但也会引发一些问题，比如当针尖钻进之后，"屁股"还留在外面，而这个屁股其实就是低端市场。

任正非认为，如果华为的低端市场被别人抢占过去，很可能就培养了潜在的竞争对手，将来自己培育的高端市场也会受到影响。回顾华为的高端市场拓展之路，正是从低端聚集了能量之后才进入高端市场的，所以华为不允许别人复制这个成功经验。

对于低端手机来说，需要做到标准化、简单化以及生命周期内免费维修，所以华为不会走一条"低价格＋低质量"的道路，因为这样会彻底毁掉华为战略进攻的能量。另外在技术和服务模式上，华为想要别人无法和自己竞争，就要大规模流水化并充分给予消费者选择的空间：想要附加功能就买高端产品，想要性价比高就买低端产品。

虽然华为曾经宣称要退出低端手机市场，走中高端发展的道路，但这并不意味着华为真的丢弃了低端市场，这无非是华为战略重心的转移而已。因为在低端市场，华为不想和小米死磕，因为自己还要保持能量和苹果、三星这样的国际知名品牌打持久战。

事实上，这个策略是对华为十分有利的，因为如果将主要精力放在低端市场，就不可能将视线牢牢瞄准科技含量更高、品牌成长前景更广阔的高端市场，也无法推动华为成为国内最有国际竞争力的IT企业，更无法帮助华为阻击来自欧美国家的政府力量。毕竟，华为每年的专利超过了清华、北大等知名高等学府，走的是一条品牌和技术共同发展的道路，否则华为辛苦研究的科技成果又将如何运用呢？

但是，低端市场的国产手机厂商也不能忽视，华为的竞争力并不弱于小米等手机生产厂家，这从华为的总出货量曾经高于小米就可以看出来，只是因为华为的精品战略导致它不可能将有竞争力的产品降级为低端机。从长远来看，只要华为不调整策略，即便在低端市场，小米想要彻底挤掉华为的市场份额也是十分困难的。正是因为华为采取了谋求高端、不放弃低端的战略原则，才让竞争对手似乎更加难受：中高端市场越来越难以招架华为，而低端市场又不得不让给华为一大块蛋糕。

华为在处理高端市场和低端市场的问题上，始终保持着清醒的认识：低端市场虽然不利于提升品牌价值，但其占据的市场份额的影响力还是很大的，所以轻易放弃低端市场就等于放弃了企业在手机市场的份额之争，也就失去了一部分利润收益。所以从目前的发展态势看，华为还没有打算完全撤出低端市场，只是基于战略调整区别出了主次和先后顺序而已。这种两手抓的策略，更能体现出华为的魄力和胆识。如果没有长远的眼光和坚定的信心，谁也不敢在两块市场上齐头并进。

华为的高明之处在于，不打出"占领低端市场"的口号，这就在一定程度上避免了和小米等竞争对手的正面拼杀。毕竟，中国有不少手机厂商死在了低端市场上，它们过于满足低端市场的利润，由此陷入了无止无休甚至毫无底线的血拼当中，最终导致企业陷入困境无法自拔。所以，华为不会旗帜鲜明地表示自己会在低端市场有多大的作为，但这块市场它也是不会轻易丢掉的。

反观华为的劲敌苹果和三星，也在低端市场占据一定的份额，所以华为可能会将这种全方位的竞争策略继续保持一段时间，直到在中高端市场的影响力更加强大之后，或许才会真的放松对这块市场的投入。

华为为什么经常被欧美国家的一些企业视为眼中钉、肉中刺呢？就在于华为拥有着强大的核心竞争力，在技术方面有着很多企业无法比及的能力，所以能够在不同类别的市场中为自己谋求利润的最大化。

尽管华为目前的市场策略是两手抓，但这毕竟是过渡时期的战略，有朝一日华为很可能会完全退出低端市场，那样就能集中更多优势资源，将华为做大做强，这将会对华为的成长会有更显著的推动作用。不过，华为的战略终究是要以现实情况为参照的，不同阶段所作出的战略决策也会有所差别。但是从现在的产品布局来看，华为已经占据了"进可攻，退可守"的优势地位，无论在下一个阶段进行何种战略战术调整，都能够游刃有余地应对。

一个企业只有具备了广阔的胸襟和高远的战略视角，才可能成就出一个百年品牌，而华为恰好具备了这些条件。在华为看来，中国的手机市场一定要将品牌区分开来，将中高端产品的价格提上去，才能建立品牌效应；将低端产品的价格降下来，才能获得更多消费者的青睐。只要把握好两个市场的法则，就能从中获取最大的利润。

事实上，华为在低端市场依然拥有一批拥护者，所以华为不可能完全撤离这个市场，最多也是逐步减轻所占比重，这样既能维系一定的利润，也不会伤害到低端市场消费者的感情。当然更重要的是，如果华为在中高端市场开发出质量更优的手机，低端消费者完全有可能从低端升级到中高端，这就是品牌黏着度的力量体现。

走中高端之路是华为必然追求的目标，而低端策略也是华为现在的生存战略。一旦在手机市场稳住脚跟，华为就能够更加自由地调整战略战术，建立起更庞大的品牌受众群体和品牌信仰。毕竟，将鸡和蛋放在同一个篮子里才能实现良性循环：鸡生蛋，蛋又孵化成鸡。当华为拥有了一批忠实的中高端消费者之后，他们会帮助华为提升品牌美誉度，对低端消费者产生品牌拉动力；而低端消费者随着经济收入的提高，也有升级为中高端消费群体的可能，届时他们自然会将华为当成第一选择，进而推动华为打造更优质的中高端产品。

凯恩斯怎么看

著名经济学家凯恩斯曾说:"在经济前景并不明朗时,投资家和企业家们的'动物精神',即乐观的情绪所催生的勇气或冒险精神,在相当意义上决定着经济景气摆脱低迷、步入再度繁荣的走向。"审视当前世界的经济发展形势和科技水平所处的状态,人们已经不再满足于互联网影响下的世界,正在积极谋求着更深层次、更大维度的产业变革。

现在的世界经济发展形势,已经不再单纯是以计算机技术为主导,而是进入了一个联通了数学和物理的新时代,其特点是以大数据、物联网以及移动宽带等平台和工具构成,而且随着它们的分工协作会逐渐加深,人们将这个新时代称为工业 4.0 时代,也被认为是第四次工业革命。

在人类经历了前三次工业革命之后,第四次工业革命带给人们的是数字技术的恩惠。第四次工业革命,主要是以互联网产业化和工业智能化以及工业一体化为典型代表,表现形式为人工智能、无人控制技术以及虚拟现实等全新的技术展现形式。和过去的旧时代革命相比,第四次工业革命能够极大地提升人类社会的进步程度与文化融合程度。

一般认为,工业 4.0 包含两个主要内容,一个是智能工厂,另一个是智能生产,最终目标是形成高度灵活的智能化产品和服务的生产模式。

多年的摸爬滚打已经让华为有着敏锐的嗅觉，正如一头觅食的狼，能够快速寻找到猎物的位置。华为基于行业经验，也意识到了工业 4.0 时代正在引发一场产业革命。2015 年，华为举行了全球分析师大会，在会上表达了一个清晰的发展思路：华为将创新 ICT 参与到这次产业革命当中。而且，华为希望能够跟同行业或者类行业中的友商们一起迎接这个时代。

"ICT"的全称是"Information Communications Technology"，也就是信息、通信和技术的组合，是一个新概念和新的技术领域。不过，信息通信业界对 ICT 的理解并不一致，作为一种技术，大多数人的理解是：ICT 既能够提供基于宽带、高速通信网等业务，也能够进行信息传递和共享，另外也是一种通用的智能工具。但 ICT 的专业化究竟能达到什么程度，还存在着一定的争议。当然，有一点现在可以肯定，那就是 ICT 已经成为工业 4.0 时代的核心组成部分。

改革开放之后，中国人逐渐意识到全世界正在进行产业分工，中国在世界经济的带动下遇到了巨大的发展契机，中国的经济进入到一个飞速发展的时代。现在，人类社会似乎又要面对一次全新的时代转折，然而这次转折和以往有很大不同，这是一次不以计算机为核心技术的革命，而是一场席卷全球的信息化浪潮，互联网起到了推波助澜的作用，预示着这次经济变革是以人类的交互模式、商品和资本等方式发生重大改变为前提的。换一个角度看，全球正在变得"扁平化"，对不同民族不同社会制度下的任何人来说，他们都有参与这次全球化的机会。

当一个新时代来临之际，总会有人瑟瑟发抖，也会有人侧目而视，因为新时代意味着新的生产方式和新的产业布局，极有可能会打破之前的行业布局，因此那些思想保守的人会产生恐慌，会不约而同地想起"经济危机"。然而华为则不同，它正在以积极的心态面对工业 4.0，愿意借助这个新时代所衍生的平台和工具去满足客户不断变化的需求。

有人将工业 4.0 时代看成是一场数字产业革命，而这场革命的基础是建立一个全面联通的世界，也就是说在这个世界里不存在任何沟通的障碍和联系的死角，所以 ICT 平台在这次连接中起到了重要的聚合作用。

提到"联通世界"，就不能不提华为，华为经过将近三十年的努力，为世界上30%的人口提供了连接服务，客户遍及170多个国家，称得上是专业级别的"联通大师"。因此，华为有理由也有能力相信，未来世界注定是一个连接在一起的巨大平台，而这次数字革命会从深层次影响到人们的工作和生活。为此，华为提出了"创新ICT，共建全连接世界"的口号，目的就是为了携手更多的友商，通过创新信息和通信技术一同建立全连接的世界。

2015年3月，英国的网络安全监督机构发布了一则报告，认为华为公司在英国提供的技术和通信产品，不会对英国的国家安全造成威胁。当这个消息传出之后，网上马上出现了一个笑话：英国人很快就能改变在地铁上读书的习惯了，因为华为的通信设备接入之后，能够让英国的地铁收到手机信号！

虽然这只是一个网络段子，却反映了一个客观事实，华为已经成了世界最大的信息和通信解决方案的供应商，而这个光荣的身份会帮助华为加快迈向工业4.0时代的脚步。因为这个新时代依靠的是参与者在ICT领域的驾驭能力，而ICT架构能否发挥其应有的作用，需要借助云计算、大数据等整合能力，这些技能正是华为具备的，也是华为一直谋求提升和改进的目标。华为力图将自己打造为"一站式ICT基础架构提供商"，将客户业务作为核心驱动力，和友商并肩作战，打造一个坚实的ICT基础架构，促进整个行业的数字化转型。

为了完成这次产业革命，华为正在朝着多个垂直行业进行业务拓展。华为意识到，如果想要尽可能地满足客户衍生的新需求，就必须不断地创新ICT技术，这是促进华为进行业务转型的关键。而且，能否完成智能工厂的建设，也是解决工业4.0的重要方案之一，因为智能工厂可以通过网络化的分布式进行生产，以进一步打通行业与行业、部门与部门之间的屏障，逐渐消除经济壁垒，提高"无缝世界"的紧密度与融合度。

现在，人类社会已经站在了一个新的迸发点上，各行各业都需要创新者，而华为已经做好了充分的准备，愿意充当一名领跑者并积极参与到这个充满机遇和挑战的新时代，力争在新的产业革命竞争中赢得先手。

分一半口粮给队友

美国加利福尼亚大学曾经做过这样一个实验：将6只猴子分别关在3间空房子里，每间有2只猴子，房子里分别放着一些食物，不过放的高度不一样：第一间房子的食物放在地上，第二间房子的食物从易到难悬挂在不同高度的位置上，第三间房子的食物直接挂在了房顶。几天过后，实验者们发现第一间房子的猴子一死一伤，第三间房子的猴子都死了，只有第二间房子的猴子活得好好的。经过监控发现：第一间房子里的猴子一进房间就看到了地上的食物，于是两只猴子为了争夺食物大打出手，最后两败俱伤；第三间房子里的猴子虽然尽了努力，然而食物悬挂得太高，根本够不着，因此活活饿死了；第二间房子里的两只猴子先是凭着本能跳着抓取食物，后来随着食物的高度增加，两只猴子发现只有团结协作才能获得食物，于是一只猴子托着另一只猴子抓到了食物，最后都活了下来。

事实证明，即便是残酷的丛林法则，也必须认同合作伙伴的重要性，毕竟个体的力量是渺小的。同理，在残酷的市场竞争中也是如此，一个只会单枪匹马战斗的企业注定是走不长远的。

华为是一个非常重视合作关系的企业，特别是在媒体全方位报道了华为的"2012实验室"之后，公众这才得知华为在过去十年间已经与合作伙伴共同建立了36个联合创新中心,主要分布在中国和欧洲,其中成功合作的重要创新项目已经超过了一百个。这些联合创新中心囊括了一些高精尖的技术研究领域,从最早的无线接入发展到了网络通信技术、业务支撑系统以及云计算等行业解决方案。到目前为止,华为已经和一些有实力的企业巨头合作了很多项目。

为了提升尖端技术水平,华为和英国的沃达丰公司共同建立了6个联合创新中心,研发出了很多种新技术和新产品,目的是实现规模商用,此外双方还创建了核心网创新中心和传输创新中心,建立了一整套从基础设施到云操作系统的立体式合作模式。此外,华为还和加拿大贝尔、TELUS、卡尔顿大学成立了三个联合创新中心。由此可见,华为对联合创新中心非常重视,它通过和多个国家的高端技术企业或者高校的联合,掌握最先进、最符合时代发展潮流的技术支持,为华为和其友商建立了多方共赢的产业环境。

华为不仅重视和国外运营商的合作,也非常重视和国内三大运营商的合作。比如在2007年,华为和中国移动在四川共同成立了无线联合创新中心,主要研究有关现网的一些重大问题和解决方案,同时还对移动网络进行了跟踪,研究其发展的新趋势和新技术。2014年,华为又和上海联通共同成立了大数据联合创新中心,以大数据为驱动引擎,推动了整体流量经营朝着精准、敏捷、开放的互联网运作模式进行平稳过渡。

电信运营商是华为最看重的客户群体,也是华为最主要的合作伙伴之一,为了增强这种联系,华为体现出了作为通信科技企业的深厚功底。此外华为还和其他非电信行业的企业展开合作,共同研究汽车、轨道交通以及新能源等领域的垂直解决方案,为产业革命的到来做好充分的准备。

华为的战略合作目的是为各行业提供解决方案,比如新能源方案、医疗解决方案、智慧交通解决方案、金融解决方案以及网络解决方案。可以看出,联合创新中心已经成为华为与合作对象用以增强技术力量的重要载体。华为凭借这种方式实现了互利共赢,同时也为其进入海外市场奠定了坚实的基础。这种建立联合创新中心的合作方式也为其他科技企业与国外技术的结合提供了值得借鉴的模式。

有意思的是,华为不仅和一些没有"过节"的合作对象展开合作,还能够与昔日的宿敌摒弃前嫌并握手言和，创造一个皆大欢喜的双赢场面。

InterDigital Communication（IDCC）是一家美国公司，它是无线电话通讯的先驱，全球第一个无线网络就是由这家公司建立的。2011年，IDCC对华为总部和美国分公司提起了专利侵权诉讼，要求美国特拉华州法院初步永远禁止华为继续使用其专利，并要求华为对侵权行为进行赔偿。此外，IDCC还向美国国际贸易委员会起诉华为的侵权行为。这场纠纷经过将近两年的时间，最终在2013年了结：由于IDCC已经构成了垄断民事侵权的行为，所以IDCC和华为相互之间支付了一定的赔偿费用。

虽然这个判决结果对IDCC和华为有点像各打五十大板，然而对IDCC来说，这场官司给它带来了很多好处，使它能够从国内反垄断调查中脱身。然而让人意想不到的是，2016年9月6日，IDCC竟对外宣布和华为签署了全球性的非排他专利许可协议，两个一度水火不容的竞争对手一夜间成了队友。

IDCC携手华为是一个非常明智的决定，在双方签署协议之后，在资本市场引起了强烈的"地震"，IDCC当年第三季度的收入同比翻了一番还多，而且股价也连续高涨。2016年9月8日，IDCC股价盘中达到每股73.88美元，为2011年以来的最高值。

随着华为和IDCC的握手言和，双方多年的争执就此告一段落，也给彼此开辟了更为广阔的合作空间。另外值得一提的是，通过这种全面合作，华为清除了进入美国市场的一个重大障碍，也可以借用IDCC专利许可合作网络实现自身的专利技术的商业化。

在利益面前，今天的敌人可能是明天的合作伙伴。对华为来说，或许有很多同行对它抱着警惕甚至是敌视的态度，然而这只是一种停留在表层的本能的领地意识，并不意味着双方真的存在你死我活的竞争关系。把华为当成死敌的那些对手，只是不能跳出原有的思维和逻辑去重新认识双方的关系，所以才导致双方一种对立关系的形成。

在华为发展的道路上，从来不缺少对手，然而华为并没有真的将谁"置于死地"，因为华为首先考虑的是如何明智地化解这些矛盾并寻找双方的利益交叉点，借助他人之力完成己方的目标。同理，华为也会通过建立合作关系为对方谋求利益的最大化。

在华为看来，减少一个强有力的对手并增加一个关系长久的盟友，才是市场竞争的终极状态。

尽管华为现在的盟友还没有达到"遍天下"的程度，对其仇视和诋毁的同行也大有人在，然而华为并不畏惧这种意识形态领域里的战斗，华为要做的是为下一个经济拐点和技术突破口寻找桥梁和路基，只有解决了生存和发展的必要问题，才能对行业的竞争态势产生更清晰的认识和更理性的分析，才能准确地判断出究竟谁才会助推华为的前进，谁又会阻挡华为的脚步。华为会慷慨地将口粮分一半给队友，但同时也会将"子弹"射向真正具有威胁的目标。

B 计划和 C 市场

2017 年 6 月 7 日，在上海举行的亚洲消费电子展上，华为对外发布了三款笔记本电脑，这是华为进入 PC 领域的第二代产品，立即引起了业界的广泛关注。很多人不禁产生疑问：做手机的华为怎么又开始做起 PC 了呢？

答案很简单，一个懂得"生于忧患"的企业，心中一定藏着一个"Plan B"，只有做好了备用计划，才能增强抗风险、抗意外的能力。然而华为不满足仅仅拥有"Plan B"，它还要在信息与通信技术之外开辟一个"C 市场"——PC 业务。

华为在 PC 领域的策略是：坚持精品战略，不通过价格拼杀进入低端市场。从华为已经发布的第一代 PC 来看，对消费者的培育已经达到了预期目标。有人认为，华为进入 PC 市场，在某种程度上产生了"鲶鱼效应"，而且华为和高端产业链玩家关系越来越近，在构建 PC 生态圈上展现出的也绝不是单纯的试水。至于华为未来在 PC 发展上的成绩，则完全取决于 PC 整个行业的复苏速度。最近几年，很多数据似乎都表明个人电脑业务越来越艰难。2017 年第一季度，全球个人电脑的总出货量为 6220 万台，比 2016 年第一季度下降了 2.4%。显然，个人电脑的消费需求疲软是主要原因。究其原因，是因为在 IT 产业进入快速变化时代之后，智能手机和平板电脑的出现，对个人电脑市场造成了猛烈的冲击，从而加速了整个市场的衰败。尽管商业 PC 市场目前仍呈现短暂的增长趋势，但依然不能掩盖整体产业的走低态势。

值得一提的是，传统PC产业由于缺乏创新产品，已经很难刺激消费者的消费欲望，智能手机的更新换代周期是18个月甚至更短，然而笔记本电脑的使用期限是三到五年。在传统PC市场，华为也进行了细致的调查，也曾经考虑过是否进入这个市场，毕竟华为在PC市场还是一个初学者。虽然从目前来看，卖电脑的不如卖手机的，但这并非是电脑本身的问题，而是整个行业的产业价值没有被充分挖掘所致。所以在华为看来，要想将整个行业做大，只能聚焦精品而非追求性价比。

有人认为，一个人或者一个企业专注于Plan B会不会影响到Plan A的进度？这是否和专注精神相背离呢？其实可以尝试着换一个角度去看：为什么Plan B仅仅是Plan B而不是Plan A呢？答案只有一个，那就是Plan B并非是最佳结果，或者说暂时不具有最高价值，所以才要屈居次要地位。

华为的Plan B是应对经营风险的权宜之计，而C市场也是在激烈的竞争环境下的一种跨界尝试，并非是华为实施国际化战略的最终途径，因为和华为的通信技术这样的主业相比，这些"副业"还不具备强大的盈利能力，但这并不意味着它不重要，因为华为已经开始广伸触角，展示出它的业务开拓属性和大范围的经营能力。

个人电脑是华为比较陌生的处女地，华为只能用更加谨慎的态度和措施去应对，所以华为的PC市场将不再走全球化销售路线，而是重点面对欧美市场以及中东一些消费能力较高的国家。这本身也符合华为终端定位的整体战略，但是也决定了华为在销量上无法对其他PC厂商产生冲击。不过华为对此并不着急，因为压力太大可能会让团队的动作发生变形，华为认为，现在更应当脚踏实地做好开始。

有人嘲笑华为进入PC市场太晚了，然而华为却不这么看，它认为PC市场并非一个已经死去的市场，而是一个需要更多创新的市场。华为之所以在2016年采取大动作开辟这块试验田，也是因为行业技术创新的积累达到了促进产业市场提升的临界点。事实上，在华为推出的第二代PC产品中，已经和一些知名厂商进行了深度合作，比如华为的MateBook将全系统预装Windows10和Office家庭以及学生版2016，而华为的空间智冷技术则是来自于英特尔的酷睿处理器。

现在，PC体验进入移动智能时代，华为的消费者业务也在智能手机、智能穿戴以及智能家居等领域有了快速的发展,而华为的 MateBook 系列正好可以全方位地满足消费者对时尚设计和移动办公的需求,进而开启一个全新的智能生活时代。

当一个人不得不采取 B 计划时,说明 A 计划出现了严重问题,而当一个人主动性地采取 B 计划时,说明他正在尝试一种新的战略。毫无疑问,华为几年来的技术积累优势十分明显。华为新推出的 MateBook 系列,从设计思路到智能技术都具有很高的水准,加上华为多年来积累的品牌影响力和知名度,相信它都能够在充分借力的基础上,做好市场的前期铺垫和后期深耕。

从某种程度上说,华为和一些传统的 PC 厂商相比,具备更强的创新能力。正因为传统 PC 企业缺乏创新力,微软才不得不推出 surface 这类产品去拯救 PC,然而效果也并不尽如人意,所以华为进入 PC 市场之后微软是笑脸相迎的。总的来说,PC 是一种标准化的产品,华为推出的二合一平板在某种程度上并没有超越 surface,不过同期发布的 MateBook X 却显示出了华为的创新思路,它采用超导热管 + 石墨 + 微胶囊等高科技组合,大大提升了笔记本的散热能力,将空间智冷技术发挥到极致。由于华为可以投入更多的后续资金支援 PC 事业的发展,对联想的威胁还是比较大的。

华为多年累积的技术基础,完全能够支持它在未来进一步提升产品性能、客户体验和设计。比如,华为的创新理念就是和世界最先进的企业展开合作,做最优秀的产品。所以华为的 PC 搭载了杜比全景音响系统,将定制的扬声器和软件相结合提高 PC 的卓越音效。

当然,华为的危机感也是促使它决心"闯入"PC 市场的一个重要原因。这几年科技产业的变化有目共睹,尤其是人工智能和大数据的发展让人们难以判断未来科技的发展走向,那些实力比较弱小的企业很难跟得上这种潮流,只有那些具备研发能力的企业才能抓住这些机遇,而华为则正好符合这些条件,它也必须在新的市场建立新的优势,以预防行业走向衰退时没有做好掉转船头的准备,这也是"狼道精神"的映射。

华为的渠道优势也是它进入 PC 市场的一块"敲门砖"。由于传统 PC 产业比较萧条,华为通过多年的努力在手机渠道领域占据了较大优势,能够从容地推出线上和线下相结合的策略,加上华为自有的营销能力,所以自然能够积累更大的渠道优势,这些都将为华为打开PC市场渠道赢得口碑。

当华为进入PC市场以后，毫无疑问会和联想这样的PC巨头正面交锋，而且恐怕这将是一场残酷的对决，毕竟联想在国内PC市场占据了第一的份额，而华为在PC市场投入的资源则会高于联想，假设联想在国内PC市场受挫，那么PC业务也会像其手机业务一样出现衰退，这很可能会进一步刺激华为抢占PC市场的欲望，使其投入更多的优势资源，而华为自身的产业结构也会发生变化，华为甚至可能调整它的企业发展战略。

华为的MateBook将如何取胜呢？MateBook X面向的是时尚的商务精英以及时尚的精英女性人群。MateBook X比A4纸还小，正是为了迎合这一类精英商务人士的需求，而MateBook D则主要针对学生和初入职场的人。总之，华为的几款PC都有明确的受众群体定位，目标都是要给消费者创造一种全场景的生活和工作无缝的应用场景需求。

不可否认的是，华为的MateBook也是一款对标苹果的精品。华为不会做太多太滥的产品，而是会通过创新来提升产品价值，华为也不会盲目追求销量，因为从做业务的角度看，规模不能代表什么，业务的持续性健康发展和合理盈利能力才是最主要的。

伴随着互联网、物联网的不断发展，未来人们对PC的需求可能会发生很多变化，也就是说不会仅仅局限在办公和娱乐等方面，可能也会加入一些其他的科技元素，比如最近几年火爆起来的VR。因为虚拟现实的计算量对PC的配置要求很高，所以未来的PC不会只是单纯的个人电脑，还会继承一个人所有的数据，让手机、电脑、家居、智能穿戴等设备实现同步集成。虽然是PC界的"小学生"，但由于天然具备了在技术、研发和品牌等多领域的成功先例和优势，华为想必会对PC产业造成正面的积极影响，甚至撬动整个产业链的更迭，让疲软的PC市场再度焕发出光彩。

在华为的企业文化中，一直存在着不达目的誓不罢休的基因——要么不做，要么就做好。因此华为手机已经成为一种现象级的存在，相信华为的PC也会创造出让人叹为观止的成绩。

针尖吊打麦芒

有一个波兰小姑娘名叫玛妮雅,学习十分认真,无论周围的环境如何吵闹都无法影响到她。一次,玛妮雅在写作业,她的姐姐和同学在她身边唱歌、跳舞、做游戏,然而她就像置身事外一样,依旧专心致志地做功课。玛妮雅的姐姐和同学打算试探一下她,就偷偷地在玛妮雅身后搭起几张凳子,只要玛妮雅稍微一动,凳子就会掉下去。然而时间一分一秒地过去了,凳子还是竖在那里。于是,玛妮雅的姐姐和同学从此以后再也不逗她了,而是学着她的样子专注地读书。玛妮雅长大后成为一位伟大的科学家,她就是人们所敬仰的居里夫人。居里夫人一直保持着小时候的专注精神,十几年如一日地从小山一样的矿石中提炼放射性元素,这也是她能两次获得诺贝尔奖的原因之一。

什么是专注?集中精力做好一件事并且能够在长时间内全力以赴,这就是专注。专注是一种不达目的誓不罢休的精神。据说比尔·盖茨和巴菲特这两个世界级的大咖被问到"你觉得最宝贵的能力是什么?"时,他们给出了相同的回答:专注。的确,正因为专注于计算机软件系统,才让比尔·盖茨成就了微软的霸业;正因为专注于金融投资,才让巴菲特成了股神。

乔布斯说:"人这辈子没办法做太多事情,所以每一件都要做到精彩绝伦。"

乔布斯很清楚一个人想要做的事情会有很多,但如果同时都做,那么一件事情也做不好,唯有将有限的精力投入到有限的事情中,才能将一个人的才能发挥到极致,做到精彩绝伦。

这种思想跟华为的针尖策略不谋而合,华为的针尖策略就是:瞄准一个方向然后坚持投入,才能在技术创新领域中有大收获。

任正非说:"我们只可能在针尖大的领域里领先美国公司,如果扩展到火柴头或小木棒那么大,就绝不可能实现这种超越。"这句话并非是自谦,事实上,华为正是一个"三无"企业:无背景,无资源,无依靠。要想获得机会,就只能专注在一个或者几个领域中的"金字塔尖"上,而这正是"针尖战略"的精髓所在。

华为的"针尖战略"不仅集中表现在技术研发上,还运用到了华为员工的薪资待遇上,华为通过确立多劳多得的原则,推动优秀骨干分子的良性循环流动,以此促进团队的正能量提升。任正非认为,华为二十多年来的发展基本上"踩对了鼓点",究其根本是因为华为能够在全球经济整体大爬坡的时代依然坚持规模化增长,提高质量管理力度并坚持以利润为核心等原则,当然最关键的还是依靠了"针尖战略"。

在华为看来,只有占领技术上的战略高地才能掌握主动权。任正非认为,华为的战略机会就是超宽带时代的来临。然而这个机会并不是永久性地对华为敞开的,只能开放3到5年的时间,所以华为必须学会像针尖一样穿透客户的表层需求,去认真分析客户的核心诉求。更重要的是,华为不但要去认识战略高地,还要将高地细分为不同的小块阵地,作出更具有针对性的策略,通过对这些小阵地的分析拿出进一步具体的对策来,这样才能获得成功。

任正非说:"即使无线占不到优势的地方,支撑系统能否占有呢?公司各个层面都要聚焦到机会窗。将来我们不仅在销售上要对标68个战略制高点,也允许代表处自己来规划战略机会点。"

的确,华为目前成为领跑者的原因在于技术优势而非地盘优势,所以任正非总结道:"华为这二十几年来只坚持做一件事,要像乌龟一样缓慢地爬行,才能在一个或者几个领域中成为世界领先,所以华为必须在技术战略上体现出'针尖'的优势性。"

纵观很多国际大企业的发展史可以发现，很多公司都是在获得了巨大成功之后突然走向了衰败。20世纪70年代，日本的电子工业十分发达，然而在数字转型时代突然就变得保守起来，一下子就被美国超越了。天道轮回，不久之后，美国在CT领域也出现了保守主义，所以后来又被华为超越了。不过美国人很快意识到了自己的错误，又从IT领域迅速杀回到了CT领域，重新对这个领域做出了定义。

试想一下，如果日本人也像华为一样具有"针尖"精神，通过对电子产业的深耕意识到数字化的重要性和必然性，是不是就可以避免被美国赶超了？如果美国能够在CT领域一头扎下去，恐怕也不会被华为赶超一段时间了。很多事实都已经充分证明，"针尖"的杀伤力要超过"圆润"的杀伤力，也正是基于针尖战略的引导，才让华为越发意识到一个现状：消费者对宽带的需求已经被压抑住了，而并非是真正得到了满足，所以运营商会一厢情愿地认为可以维持现状了。

"针尖战略"最有价值的地方在于，能够帮助你认清更多、更深的真相。华为在最早提出管道概念的时候，大数据还是一个新鲜的名词，所以很多人对管道一词并不理解：到底有多粗有多大的流量呢？任正非认为，无线始终比有线更接近消费者的需求，因为无线距离他们最近，最能反映出他们内心的真实想法。

任正非曾经因为小灵通导致精神抑郁并遭遇了来自外界和内部的巨大压力，一度处于精神崩溃的边缘。后来在TD时代到来之后，由于华为没有用"针尖精神"钻下去，导致认识和准备不足，结果在第一轮招标中就遭到了淘汰。后来华为坚持了"针尖战略"，在第二轮加大了投入的筹码，最终在第三轮逐步领先。由此可见，"针尖战略"对一个企业的生死存亡有着多么重要的指导意义。

华为始终将客户需求而非运营商的需求当成首要弄清的目标，因为运营商的需求无非是一个中间环节罢了，而消费者的需求则代表着市场的需求甚至是时代的需求。作为一个高科技企业，面对未来世界的发展变化难免会有一些迷茫，这时就需要用"针尖思维"去刺探这个世界的本质，这样才能更接近真相的轮廓。

华为将互联网时代视为一个黄金时代，不过这个时代并非只有网络，也不能将互联网时代看成是网络时代，毕竟网络只是一个载体，它最终要完成线上和线下的对接，这就是人们常说的"端到端"。消费者也好，电商也好，他们都是互联网的组成部分。比如说，瓦特发明了蒸汽机推动了英国的工业革命，却不能将蒸汽机看成是消费者的基本需求，它只是代表水的动力发生了变化，只能将其视为一个工具。同理，作为工具的网络，也像蒸汽机一样会给这个世界的生产方式带来深刻的影响，但它并非是唯一的，只是由于它的存在加速了人类社会的演进过程并催生出一些新生事物，从而改变了人们的生产和生活方式。

归根结底，互联网对人类社会的最大作用不是它支系庞大，而是它触角纵深。华为要想在这个以网络为工具的时代成就一番事业，也需要达到和网络同样的深度，那就必须在某一个领域占领高地，就需要用"针尖战略"作为推动手段。华为曾经在日本建立了一个终端工艺研究所，将日本短小精悍的工艺能力充分调动起来，在取得成果之后进行规模化，这就是"针尖战略"在技术研发上的具体表现。

任正非曾说："现在有人在网络上描述华为的战略是'针尖战略'，我认为他说出了真理。"事实正是如此，随着企业实力的不断提升，市场的不断扩张，华为并没有盲目行动，反而是收窄战略面，将优势资源和主要精力集中在"针尖"领域，这样做既不会和其他企业产生直接的利益冲突，也有利于让华为保持技术领先的优势。华为有了"针尖"做法宝，足可以吊打竞争对手的"麦芒"。

Part 4

工作方法胜过工作能力

高层修仙，基层练武

华为以"狼道精神"闻名于世，形成了一种让人可敬可畏的企业文化。华为能够将十几万的"秀才"训练成能征惯战的"猛狼"，就是依靠了一套独特的理论和方法，华为提出：让基层有"饥饿感"，让中层有"危机感"，让高层有"使命感"。凭借这条看似简单的规则，华为创造出了一支能打胜仗和硬仗的团队。简单总结就是，华为的中高层在"修仙渡劫"，基层则在"练武强身"。

一个有饥饿感的人最需要什么？需要练就一身本领去猎取食物。换句话说，只有基层员工拥有了对企业的企图心才能产生对工作的动力。所谓"企图心"，用任正非的话解释就是：让基层员工有对奖金的渴望、对股票的渴望、对晋级的渴望、对成功的渴望。想要获得"练武"的员工，就需要在招聘时把好关，因为"练武"不等于"耍横"，万一招到一个"穷兵黩武"的武夫，除了给企业惹麻烦之外怕是没什么贡献了。华为在招聘新员工时，十分注重员工的成长背景，侧重于出身比较微寒的学生。任正非也明确地对人力资源部门提出要求：多招聘经济不发达省份的学生。这可不是"你弱你有理"，而是"你弱你有志"。

任正非认为，那些越是家庭困难的学生越有改变生存现状的强烈渴望，他们就像网络游戏里的"战士"角色，只有通过强化体力、攻击力和防御力才能壮大自我，在团战时愿意充当"肉盾"为队友们减少伤害。这种求胜的渴望和奉献精神，能够激发他们艰苦奋斗的精神。因此，华为很少招聘那种在大城市成长、家境较富裕的学生，因为这些人通常比较崇尚自由且富于幻想，一般吃不了苦，更受不得委屈，在压力面前往往扛不住，也不太可能认同华为艰苦奋斗的企业文化。

在外界看来，华为的员工很多都是"秀才"类型的人物，他们有才华，有抱负，但是也难免会有一点点清高，会动不动就"之乎者也"地讲一番道理，因此华为下了一番苦功将这些秀才训练成士兵，比如在各种场合要求大家遵守纪律、遵守业务规范等，总之就是让这些新人既能保留学富五车的属性，又能抛掉自带的文弱书生之气，让他们尽快适应华为的工作节奏，以此来适应未来残酷的市场竞争。

一个以练武为职业的人，最需要锻炼的是体魄，没有一身过硬的筋骨和肌肉，即便内力再强大也会失去发力的资本，更会变得不堪一击。事实上，那些过分习惯思考的人，往往错失了出手锻炼的机会，正所谓"思想的巨人，行动的矮子"，所以任正非才提出了"砍脑袋"的说法。华为的基层员工只有坚定不移地苦练拳脚功夫，才能增强抗打击能力，将基层工作做好。

任正非曾经在华为员工大会上问大家："2000年后华为最大的问题是什么？"结果大家异口同声回答说"不知道"。这时任正非告诉大家："是钱多得不知道如何花，你们家买房子的时候，客厅可以小一点，卧室可以小一点，但是阳台一定要大一点，还要买一个大耙子，天气好的时候，别忘了经常在阳台上晒钱，否则你的钱就全发霉了。"

任正非的话很实在，他不像国内一些企业的老板，总是喜欢把梦想和情怀挂在嘴边，反而将员工的基本利益抛在脑后不提，缺乏必要的人性关怀，说白了就是一种"愚民政策"而已。所以任正非的观点是：对于组织"金字塔底部"的基层员工来说，必须遵循"按劳取酬，多劳多得"的原则，这样才能满足他们的工作动机。正因为如此，"饥饿感"构成了华为基层员工的"狼性精神"，只有带着对获取食物的渴望，才能迫使基层员工"冬练三九、夏练三伏"，掌握过硬的生存本领。

华为对中层和高层的要求是危机感和使命感，显然这类要求脱离了生存层面的问题，升级到了更高层次的需求，所以可以划归为"修仙"一列。在很多网络游戏里，总会有一些法师角色存在，他们未必有多强的硬功夫，却拥有极高的攻击输出，往往是团队中的核心人物，华为的中高层管理者恰好是这一类人。

华为提出的危机感就是让中层具有责任心，用任正非的话解释就是："以实现公司目标为中心导向，对工作高度投入，追求不懈改进，去向周边提供更多更好的服务。"华为的中层如果无法凝聚团队，不能完成任务，也不能给手下的员工传递战斗精神，那么很快就会被撤职或者降职。当然，如果中层能够意识到自己的缺点并及时改正，也会有被重新任命的可能。

经过多年的组织管理，任正非认识到，一个团队安逸的时间越长，危机意识就越弱，就会导致生存能力整体下降，最终使整个团队走向灭亡。正因为看中危机感，华为才会发生1997年的"市场部集体大辞职"这起著名事件，虽然外界对此众说纷纭，然而通过这件事明白无误地体现出任正非向中层干部传递危机感的信念和决心。

2007年11月，任正非要求"工作满8年的员工向公司提交一份辞职申请，在达成自愿辞职共识之后，再竞争上岗，与公司签订新的劳动合同，工作岗位基本不变，薪酬略有上升，并且可以享受一到两个星期的假期。"这就是著名的"先辞职再竞争上岗"事件，是华为在人才管理上的一次重大革新。当时华为有99.99%的员工包括任正非自己都重新上岗。后来的事实证明，这次改革有效地增强了员工的竞争力和整体素质。

华为对管理者采用了严酷的比例淘汰机制，每年都有十分之一的管理者被撤下成为基层员工，那些落后的管理者还要进入华为的干部后备队学习，经过为期三个月的学习和改造，如果考试不合格或者没有被部门录用，工资将会降低20%并再一次接受学习，如果还是不合格，工资将会被进一步降低。

华为深知中层的重要性：承上启下。所以任正非多次强调：华为要想壮大就必须强腰壮腿，而"腰"指的就是中层。所以华为对中层干部的要求是打破部门本位主义，不能只考虑自己部门的利益，要站在全局的角度去思考问题，要多走出去了解基层的情况，不能天天坐在办公室里打打电话、看看汇报就自以为了解了情况，要多去一线指挥，任正非也经常去一线进行督战。有一次，任正非给华为的某些干部送皮鞋，暗示他们不愿意去现场就是因为太爱惜自己的皮鞋。后来任正非又提出：年底对这些干部的鞋底进行评比,看谁的鞋磨损得最快。任正非以幽默的方式提出了对中层管理者的要求:多去一线了解实际情况,不要脱离基层员工。

华为要求中层干部应该瞄准客户和市场,因为华为的价值观就是以客户为中心。那些只喜欢"揣摩上意"的干部不是好干部,顶多算个马屁精,在他们眼里只有领导们的一举一动和一言一行,对下属、同事乃至于市场都缺少关注的动力,让这样的人带队只能把华为带到沟里去。

如今是互联网时代,这个时代和以往相比有很大的不同,导致之前的经验和阅历不能发挥重要作用,更有赖于知识、学习力和适应度,所以年轻人更容易接受互联网时代的馈赠和挑战。出于这个原因,华为尽量控制团队的平均年龄,每年都要有所下降,要让更多年轻的员工得到提拔,让那些以为可以居功自傲的干部不敢怠慢,否则将会被淘汰出局。另外,华为还通过业绩排名、述职、轮岗制等策略不断给中层管理者施压,让他们努力提升自我,这样才能克服人性中懒惰的因素,驱使他们去努力奋斗。

华为对高层提出的"使命感",在任正非看来就是:"有钱也干,没钱也干,我就是爱干这活。"说到底,一个人都升到高层了,就得有点仙风道骨的气质,怎么能再为二两银子就大打出手呢?而且,华为的高层薪资待遇很高,财富对他们而言更多的只是数字,他们做事可以不以利益为驱动力,而是具备了强烈的责任感和使命感,或者说他们已经完成了资本的原始积累,是一群只想做事不介意赚钱的"上仙大侠",他们奋发向上的动力是源自内心的精神力量:激情和热血。

华为高层也常通过轮岗制增强他们的使命感,比如评定华为的"蓝血十杰",将那些被认为是有使命感的干部推向前台,为其他人树立榜样。还有像"明日之星"这样的评选,也是在树立榜样。反观国内的其他企业,基本上都是靠金钱来管控高层,结果让原本不爱钱的老实人也掉进了钱眼儿里,有不少企业往往因为"分赃"不均产生矛盾。还有些企业,高层做着中层的事,中层做着基层的事,基层在谈论国家大事,这样走"混搭风"的企业迟早会覆灭。

既然中高层是修仙,不需要为生计发愁,只需要掌控住自己的心态就好,所以任正非强调高级干部要"砍掉"手和脚,只留下脑袋用来仰望星空,洞察市场,从而作出正确的战略规划。

　　修仙是一件漫长且耗费精力的事情，所以华为的高层不会陷入具体的工作中抽不出时间，而是有更高远的视角去指挥团队作战，这样才能达到修仙的目的。而且手脚已经被"砍掉了"，就需要将主要精力放在思想上，确保大脑马力全开地运转起来，确保每一个决策都保持在正确的方向上。

　　华为能够如此管理这样庞大的商业组织，在中国企业发展史中是非常罕见的。如何才能破除企业发展的瓶颈，给予新人以动力、给予老人以活力呢？华为通过给他们划分任务和格局去解决这些问题，该练武的练武，该修仙的修仙，正是依靠这种分工明确的团队合作，才有效地践行了华为的核心价值观。毕竟华为聚集了一大批聪明人，让这些聪明人去围绕一个共同目标做事还要彼此包容，绝非一件易事，而一旦这个目标实现了，那将会产生巨大的能量。

不找借口找方法

2017年4月，华为P10手机被爆出随机采用了三种不同品牌和规格的闪存，导致用户在使用时存在着体验上的差别。外界由此质疑华为在这款年度旗舰机的重要配件上没有采用高规格的UFS标准产品。很快，经过贴吧和论坛等网络社群的发酵之后，"闪存门"事件被各大媒体推上了风口浪尖。

"闪存门"事件发生后，华为两次对P10存在的问题作出回应。第一次解释了显示屏为何没有疏油层（加入疏油层最大的作用是不容易留下指纹，清洁更加方便）的问题，同时也承诺华为终端找到了新的解决疏油层技术的方法，消费者可以去华为售后服务店了解解决方案。第二次是关于闪存速度差异的问题，华为承认采用了不同规格的闪存，主要原因是供应链出现了缺货，不过体验差异并没有网上评测得那么明显。从两次回应态度来看，华为没有否认事实，回应的重点也是如何解决问题而非推卸责任。

华为对"闪存门"事件的回应速度很快，也承认在一些信息的公式上存在着"粗线条"，从而给消费者带来了一定的麻烦，并很快成立了一个"消费者聆听特别行动小组"，目的是落实后续的一系列计划，聆听来自消费者的声音。此外，小组成员还会到店里和消费者面对面沟通。

面对网络上的各种舆论，华为作了多次解释，并没有过多地为自己开脱，而是承认了P10中确实搭载了不同闪存的事实，也明确表达了华为没有在宣传中提到闪存规格类型，并非对消费者存在歧视和欺骗。为此，华为还在内部发布了"反思倡议书"，号召大家进行深刻的反省，反省自己是否真的践行了以客户为中心的核心价值观。

华为的这些回应措施并非都是针对"闪存门"事件，也是为了提高团队的统一认识。后来，经过深圳消费者协会的调查后，认定华为在P10产品的宣传中并不存在欺诈行为。事实也的确如此，华为P10的全部宣传信息中，没有提到P10采用某一种闪存规格的事实，并没有对消费者产生误导。从这个事件可以看出，华为没有寻找借口为自己开脱，而是就事论事。

相比之下，小米的"天马屏事件"则完全不同。2015年8月，小米新发布的红米note2在一些正规渠道对外宣传中，称使用的都是夏普和友达的屏幕，然而消费者很快发现，屏幕其实来自于中国一家名叫天马的屏幕制造商。虽然后来天马屏幕被证实并非低端屏幕，然而小米毕竟在产品宣传中明确提到了夏普或友达，这就对消费者构成了欺骗。

不仅国产手机出现过争议性事件，世界大牌手机厂商也一样如此。由乔布斯亲自发布的iPhone 4曾经出现过"天线门"事件。2010年6月24日，一位用户给乔布斯发了电子邮件，称自己手握iPhone4两边的金属缝时信号会消失，两个小时过后，乔布斯回应说："那就别那么拿手机。"这个答复很快引起舆论回应，越来越多的用户反映手机信号衰退。事件持续发酵，最终苹果承认了天线存在问题，只能通过升级软件、免费发放手机套等手段弥补这一设计缺陷。

更可怕的是三星Note7的"自燃"事件。这涉及了严重的安全问题，然而三星并没有马上采取规避措施，只是在局面无法收拾之际才全面召回了Note7。

将这些事件对比后可以发现，华为的"闪存门"事件是因为内部管理出现漏洞而造成的，并非是一种恶意欺瞒消费者的行为。即便是苹果和三星这种知名企业，也免不了出现这样或那样的问题。相比之下，华为能够通过内部反思来解决问题，也体现出了华为敢于正视错误、改正错误、杜绝未来再犯错误的决心。

在"闪存门"事件之后，华为消费者业务（隶属于华为技术有限公司，是华为三大核心业务之一）召开了内部等级最高的质量大会。会上，华为消费者业务的CEO余承东强调了产品质量对企业品牌和口碑的重要意义，他说："一切冲突都不应以牺牲质量为代价。质量优先于我们的成本，优先于利润，优先于其他，质量享有最高的优先级。"显然，这次大会为华为的未来发展指明了方向。

当余承东谈到质量问题时，人们自然想到了"闪存门"事件，也都看到了这起事件给华为带来的教训，不过华为能够正视错误并为企业未来的发展敲定方向，这说明华为已经进行了深刻的反思。

和其他行业相比，手机市场更像一个江湖，有着属于自己的游戏规则，那就是喜欢用一些虚无的东西来吹捧自己，把自己打扮成高科技的制造者，把自己生产的手机吹嘘成"神机"，这种陋相几乎存在于绝大多数手机品牌当中。不过华为确实很少玩这种自吹大法，就事实而言，很多年轻人认识华为是因为华为手机具有更多的技术含量而非牛皮吹上天的宣传广告，而且相比其他厂商，华为也能做到真诚地面对自己，不为自己开脱罪责。

从客观上来看，"闪存门"事件是一个和企业品控水平无关的问题，它并不能证明华为不适合做手机，只是因为供应链出了问题而采取的一种"下策"。对于这个下策所带来的后果，华为也深刻地认识到了。有意思的是，"闪存门"事件之所以能够持续被发酵，也是因为网络上出现的舆论绑架：对国际品牌的负面新闻，会对应着绑架民族主义的舆论倾向；对国内品牌的负面新闻，会对应着绑架企业道德的舆论倾向。结果绑来绑去，大家都被捆住了手脚，且都被钉在了"耻辱柱"上，区别只是今天该轮到谁上去接受批斗。

对于这种道德绑架，华为深知其造成的舆论影响是很恶劣的，华为并非是慈善企业，它有着商业公司的必然属性，所以在管理出现漏洞之后才会发生这起事件。也正因为意识到了绑架企业道德的强大攻击力，华为才没有贸然为自己寻找借口，而是承认事实，再用事实去教育团队成员，避免类似错误再次发生。虽然在回应舆论的一些言辞上，华为并没有做到尽如人意，但也没有像某些厂商那样死不承认。当华为的"反思倡议书"发布之后，毕竟还是对外界展示了华为真诚反省的心态，这是一种正常的商业行为，也体现出了华为努力改正问题的决心。

通过"闪存门"事件还可以揭开国产手机"辛酸与无奈"的内幕。最近几年，UFS闪存逐渐普及在很多国产旗舰手机上，然而高端闪存的核心技术依然被东芝、三星等日韩厂商垄断，导致国产手机厂商一旦不能及时从上游供应链中拿货，就会导致手机出厂时间延误。如果苹果和三星加大采购量，还会增加国产手机购买高端闪存的成本，从而导致手机价格上涨的情况。

一些业内人士认为，这种受制于上游厂商的现象是很多国产手机厂商的无奈，而要想改变这种局面，就需要补齐关键手机元器件的研发和原创能力，而这并非短时间内能够解决，因为这需要国家在战略上给予援助，也需要很多国产手机品牌共同发力，才能打破垄断。

"闪存门"事件让华为认识到了自己需要在两个方面改进。

一方面，企业的服务思维观念需要转变。华为需要更深入地了解消费者的需求，要继续坚持以客户为中心的企业核心价值观念，特别是对个人用户的重视程度。也许是因为华为过去的发展壮大更多依靠的是企业客户，所以难免对个人用户有不够重视之处。只有优化和个人客户的关系，才能提升华为在个人消费者心中的品牌形象和地位。

另一方面，华为要加强有担当力的管理团队。在处理类似"闪存门"事件时，华为需要加强在处理公关危机时的态度和能力，避免发生刺激舆论的情况，要形成强有力的担当机制，这样才能维护华为的品牌形象。

有一句话叫作"不找借口找方法"，事实上华为就真是这样做的，这也秉承了很多商业精英一贯坚持的原则，也是华为的价值观所在，体现出了一种敬业和负责的工作态度，一种追求完美的执行能力以及积极完善自我的自省之心。华为在市场中摸爬滚打的时间还很长，所以需要这种精神来直面问题并解决问题。借口，永远只属于没有担当的人。

专注+执行=成功

唐朝的贾岛是著名的苦吟派诗人,所谓苦吟派,就是指为了一句诗或是诗中的一个词,不惜血本地耗费精力。贾岛曾用几年时间作了一首诗,完成之后他竟然热泪盈眶,不仅是因为兴奋也是因为心疼自己。一次,贾岛骑着一头驴走上了官道,当时他脑子里正琢磨着一句诗,是"僧敲月下门"还是"僧推月下门"。然而他有些拿不定主意,认为"敲"字有点不适合,不如"推"字更好,于是就在嘴里念叨着。不知不觉地,贾岛骑着毛驴闯进了大官韩愈的仪仗队里。韩愈问他为何闯进自己的仪仗队,贾岛就将自己作的诗念给韩愈听。韩愈听了以后对贾岛说:"我看还是用'敲'好,在夜深人静拜访友人时,敲门代表你是一个有礼貌的人!而且一个'敲'字,使夜静更深之时,多了几分声响。再说,读起来也响亮些。"贾岛听了连连称赞。韩愈非但没有处罚他,反而很欣赏他的这种专注精神,二人后来还成了好朋友。

任正非曾说,华为实际上是一群傻子,所谓的傻就是他们专心致志地做一件事。

的确,华为在企业发展的过程中经历过无数次的挫折,支撑华为获得今天这种成就的推动力,除了"狼道精神"还有一种专注精神。华为一直专注于通信技术,从来没有触碰过股票、房地产这些行业,哪怕是在华为手中有钱、股票和地产行情看好时,华为也还是如任正非所说的那样,像傻子一样只做一件事。

这种专注精神让华为抵抗住了很多诱惑，一门心思地将精力和资金投入到电信设备领域中。或许这个领域的利润率不高，或许这个领域的发展不是很快，然而华为始终坚信自己能够成为这个领域的行家。

华为做手机时也是如此，先是在德国销售，哪怕是为沃达丰这个知名的世界品牌做贴牌也无所谓。与此同时，华为也没有放弃做自己的品牌。当华为在欧洲市场打开销路之后，2008年又回到中国销售。其实华为进入手机市场的时间不长，当时名声最响亮的是雷军的小米。然而华为并不在意这些，它认为只要专注地做好自己的事情就可以了。

在专注精神的推动下，华为积累了二十年的手机研发经验，后劲十足，底气十足，所以才使它厚积薄发。做企业不是吹牛皮，而是需要长期的积累。华为明白一个道理，如果分散注意力去搞别的事情，那么注定会消耗华为的研发和持续创新的能力。

华为的这种专注精神，集中体现在华为的"企业宝典"——《华为基本法》上。

1994年，《华为基本法》初现雏形，当时是由"五君子"共同制定编写的。所谓"五君子"是中国人民大学的彭剑锋、包政等五位教授，他们编写《华为基本法》的目的是宣传华为的企业文化。华为认为，一个企业急于抢占市场是一种短视的行为。相比于抢占市场，首先要解决企业价值观的问题，比如自己该做什么、能做什么以及不该做什么、不能做什么等。因此在《华为基本法》中的第一句话里，华为就表示要成为"电子信息领域的领先者"，除了电子信息领域，其他的事情一律不做。到目前为止，华为没有涉足股票和汽车。反观曾经如日中天的乐视，它既做视频又做手机、家电，还想做汽车，最终闹了个负债累累的下场。

当然，多元化经营并非是错误的，但前提是要在一个领域做好之后再去做其他领域，而不是盲目地全面铺开，否则结果会搞得自己"样样通却样样松"，这不仅是在葬送企业的前途，也是在坑害消费者。

《华为基本法》的字数并不多，却将华为应该遵循的基本准则都写了进去，通过这些准则，华为统一了企业人员的思想和认识。现在很多企业连高层都不知道自己要做什么，导致想法混乱、视野狭窄，基层员工更失去了奋斗方向，自然就是得过且过，这样的企业不搞砸才怪。华为却以《华为基本法》的形式规避了这种现象，将企业的根本战略思想用文本的形式确定并固化，这是一种非常值得借鉴的明智创举。

除了专注精神，华为的执行力也是其企业文化的重要组成部分，它被归纳为三个词：高工资、高压力、高效率。华为对员工执行力的关注超过了大多数民营企业，因为华为知道要想和国际知名企业竞争，只有通过高效的执行力才能发挥作用，所以华为总结出一个口号——结果第一，理由第二。

华为的执行流程为人称道，比如华为的销售团队就有很多明确的规定，只要是关乎争夺和应用资源的都是华为的规划目标，这样具有可操作性，方便员工去执行任务。为了更深入地了解市场形势，很多华为的中高层领导都被安排到基层任职，执行力也就得到了充分的加强。

很多中国企业家都把执行力挂在嘴边，天天嚷着"执行力去哪儿了"，将没有按照预期目标完成任务的原因统统归结为人员没有执行力。然而执行力并不是喊出来的，一个具有强大执行力的企业一定要有一个核心人物，比如华为的任正非，他白手起家将华为打造成为世界级明星企业，这就是企业的"灵魂人物"。

很多中国民营企业的员工之所以缺乏主人翁精神，是因为企业的核心管理者将股份大都分给了其家属，导致员工忠诚度不高，对企业文化的认同较差，成了企业发展的旁观者，严重缺乏动力，这样的企业还指望能有什么执行力呢？

华为的执行力源于华为是一个利益共同体。如果任正非对待手下人吝啬一些，他的身价也超过上千亿了，然而他本人在公司持有的内部股份只有1.42%，其他的股份都分配给了为华为做出贡献的员工。华为的财富为全体员工所有，任正非对财富的科学认识和慷慨品质将华为打造成了一个真正的利益共同体。用任正非的话说就是："我们今天是利益共同体，明天是命运共同体。当我们建成内耗小、活力大的群体时，抗御风雨的能力就增强了，才可以在国际市场的大风暴中去搏击。"

很多国内的企业都有加班文化，一些敬业的企业家还会在办公室陪着员工一起加班，上演了一出"苦情连坐戏"，然而效果却并不理想。造成这种状况的根本原因还是利益分配不均：员工整天加班得到的只是少得可怜的餐补和交通费，和他们手中的项目红利无关。只有愿意在员工身上花钱的企业，才能真正地降低管理成本。

有一年中秋节，华为发给每个员工 1000 美元过节费，而当时很多企业连一块月饼都不愿意发，华为却舍得将赚到的钱分给员工，自然就能得到人心。有了人心，企业何愁不发展？

除了利益分配之外，信仰的作用也不容小觑，因为信仰往往是最能打动人心的力量，企业只有培植出强大企业信仰之力，才能让员工和企业的价值观产生高度的契合。华为的员工对企业的忠诚度普遍很高，没有人会埋怨公司不好，相反都充满了感激之情，部门之间也没有山头主义，出了事也不相互推诿，这是很多中国企业缺乏的一种和谐之气。

常言道：火车跑得快，全靠车头带。要是车头天天换，这火车也就变成了牛拉车。华为十分重视"车头"的重要性，所以它的核心管理层始终保持着稳定的状态，各条战线的主管基本上都在华为工作了十几年甚至二十几年，他们和公司同呼吸共命运。这些人之所以能长期留在华为，并非全是因为待遇，更有对企业的信仰。

华为的高度分权也提高了企业的执行力。中国很多企业家都喜欢权力，严重者事必躬亲，大事小事都喜欢抓在手里，结果非但不能有助于企业发展，反而让员工工作在权力的阴影之下，这样就在管理层和基层员工之间产生了隔阂，难以展开深入的交流，严重削弱了员工的积极性和主动性。

高度分权才能产生高效的执行力。华为充分放权并使用 CEO 轮值制度，让很多核心高层都具备了卓越的抗压能力和决策能力，同时也平衡了他们之间的关系。在华为的运营商业务、消费者业务、企业业务这三大业务集团当中，每个集团都有绝顶好手，都能够贯彻华为的战略意图并落实华为的价值观，让华为保持高速的效益增长。

正因为有了强大的执行力，华为才敢说"凡是华为认定的事情，很少失手"这样的话。当然，只有分权是不够的，还需要以员工对权力分配的高度认可作为前提，正如任正非所说："只有员工真正认为自己是企业的主人，分权才有基础。"有意思的是，华为虽然使用了高度分权，却没有造出多少个明星，因为华为更在意集体的智慧和力量，并不推崇个人英雄主义。

国内有一些企业喜欢从外部招募人才，有时候甚至不惜重金，然而华为却喜欢从内部提拔人才。这样做的意义更为重大，因为企业文化是有传承的，员工的忠诚度需要慢慢培养，如果贸然将一个外部人才放在重要的位置上，难免会引起其他人的不满，严重者会导致团队人心涣散，执行力也就无从谈起。

华为具备了将专注和执行力完美地结合到一处的管理智慧，这让华为能够在瞄准一个目标的同时用上最大的力量，极大地提高了成功率，也促使华为在相关的业务领域中持续深耕，挖掘出更有价值的信息，同时在这个过程中也不断地爆发了自身的潜力，在市场竞争中占据了最大的差异化优势。

第二十五条军规

1998年,任正非给华为培训中心推荐了一本书——《西点军校领导魂》。这本书主要介绍了西点军校怎样培养军队领导者。任正非将"麦克阿瑟将军要求西点军人坚持的三大信念"稍加修改,作为华为员工必须牢记的座右铭,那就是:责任、荣誉、事业(国家)。除了推荐励志书之外,任正非也经常和员工谈论解放战争的三大战役和抗美援朝等,目的就是向员工阐述在市场竞争中一定要坚持的法则,同时也传递给员工一个信念:所谓竞争,本质上是与自己和命运相抗衡的继续,因为人一出生就处在与某些定数相斗争的常态中。

军人出身的任正非对企业和员工有着特别的要求,要做到的事情必须立即去执行,有时候他可以说是逼着手下人去完成业绩,这正是军人果敢作风的体现,也是华为"狼道精神"的一个侧面展示。任正非所提出的"攻无不克"精神成为华为执行力的根本。

既然效仿军旅生活的意向,那就要以"生死存亡"的理念来约束企业和员工,因为军队是决不允许犯错的,一个小小的失误可能都会带来灭顶之灾;而且军队需要不断为自己确定打击目标,这样才能以攻为守,将敌人逐个歼灭而不是坐以待毙。任正非每年都会为华为制定新的目标,尽管有些人认为这些目标未必都能实现,然而经过多年的实践证明，绝大多数目标都能达成。这种实现企业发展目标的军事化管理，为每一个华为人树立了严格的军规：不达目的，至死方休。

任正非的决策形式很简单，他不会耗费过多的时间进行论证，也不会过分细致地分析什么理由，他只需要员工按照他的意图去做，缺什么资源他给，缺什么人才他调配，但就是不能找任何理由说做不到。不过，任正非并不是不讲客观规律，员工在执行命令的过程中可以将遇到的问题及时反馈给他，如果实在不能完成预期目标，任正非也能理解和接受，然后再重新制定适宜的目标。曾经有喜欢吹牛皮的人在任正非面前表示绝对能完成任务，任正非会立即拍板说：你去弄，什么时候给我结果。在这种严格要求之下，喜欢说空话的人会原形毕露，而喜欢做事、注重客观实际的人则会得到重用。

任正非认为，凡事执行起来都难免遇到困难，遇到困难就要努力去克服才能解决问题。那些只知道强调困难而不去想方设法克服的人，绝不是一个好的管理者或员工。在市场竞争日益激烈的今天，企业必须要做到一切行动听从命令，整个团队要确保步调一致，才能争取到最后的胜利。任正非这种强势的工作作风让他在华为说一不二，只要一声令下大家就要马上行动起来，无论是管理者还是员工都不需要多思考，只要根据任正非的命令行事就可以了。正是这种雷厉风行的工作作风，让华为的竞争对手常常疲于招架。

华为内部有一条法则是：员工要严格遵守公司的各项制度与管理，对不合理的制度只有修改以后才可以不遵守。正是因为遵守了这条法则，才保证了华为上下能够统一思想和行动。华为总会在细微处着手，比如在组织大规模员工会议时，总是要求会场的纪律，比如手机无声、不乱扔垃圾等，而员工们都能遵守命令，真正实现了军队才具备的铁律。从这些工作细节中可以发现，华为的成功和任正非早年军旅生涯历练出的经验有着很大的关系。

有一次，任正非在一次内部讲话时说："华为的人力资源改革要学习美军。"这并不是任正非第一次旗帜鲜明地让手下学习美军，早在几年前任正非就特别邀请了金一南将军为企业员工开设系列讲座，华为的这种军事化管理在中国企业中十分出名。

但凡是军队，都有着严格的规章制度和流程，只有建立了严格的制度才能保障命令顺利传达并被接受。军队讲究的是铁面无私，任何情感因素都要让位。华为在军事化管理上强调下级无条件服从并执行上级的命令，要求行政部门、财务部门进行标准化的岗位规范，对高层发布的命令严格执行。然而华为也没有教条地让全体成员向命令看齐，也懂得适当放宽权限，因为战况是瞬息万变的，只是一味地让士兵去执行死命令无异于将他们推向深渊。在复杂多变的市场环境下，任何一家企业都不可能原封不动地按照既定方针去执行，比如企业的技术研发和市场营销等岗位，也需要依据不同的客户群体制定不同的方案。华为的军事化管理充分验证了原则性和灵活性的统一，更为科学，在执行过程中也更有效。

现在一些企业盲目学习所谓的军事化管理，却并没有真正理解军事化管理的核心，只知道让员工出个早操、打饭时排队，基本上流于形式和皮毛，实际效果几乎为零。真正的军事化管理，只有正确区分军政和军令两个不同的版块才能有效实行，才能既保障团队的原则性又能保障行动的灵活性，从而对市场作出快速反应。

军队中的新兵都要接受新兵训练，对于新兵来说恐怕最熟悉的就是"向左转向右转"这一类口号。虽然这个口号在军训中极其普遍，却蕴藏着深刻的管理理论。现在很多企业都缺乏企业文化，或者说企业文化建设方面存在着一些问题，这导致团队的凝聚力很差，员工的执行力不强而且对企业也缺乏认同感和归属感。

从另一个角度看，"向左转向右转"给企业的深刻启示就是：管理活动中的不统一会严重影响到企业的发展。华为懂得增强团队的凝聚力的重要性，通过各项落地政策建立了一个聚合力极强的利益共同体，提高了企业的执行效率，也让每一次改革都能顺利进行。

对任何企业来说，第一生产力永远是执行力，而这种力量是在日常管理中逐步积累而成的。正如士兵的纪律需要在平日的训练中养成一样。要想一次性完成某个目标是不太容易的，首先需要企业通过组织活动或者其他方式来统一员工的思想，只有让他们的思想处于相同的步调中，才能确保先进的生产流程正常进行，企业才能获得突破性的发展。

华为对来自全国不同地方的员工都经历了严格的"新兵训练"，让他们迅速地接受华为的企业文化，确保他们作出有方向性的创新。随着时代的变化，军队在不断改革，企业也需要改革，如果军队墨守成规，抱着过去的战斗经验不放，用在现代战争中则可能会连吃败仗。企业也是如此，过去的竞争策略放到现在可能就会变得十分陈旧和落后，无法让企业生存下来。华为正是看到了这一点，才成为中国最具有竞争力的企业之一。这种军事化管理也让任正非被视作国内最有思想的企业家之一。华为正是依靠这种军队式的坚决服从和高度统一，帮助它在残酷的竞争中战胜了一个又一个强大的对手。

敢不敢换掉习惯手

有一位探险家深入雪山，结果被困，身上带的粮食吃光了，体能也几乎被耗尽。虽然他和外界取得了联系，然而救援人员要想在茫茫雪海之中找寻一个人实在太难了。后来救援人员出动了好几架直升机，可就是找不到这个探险家。在这种情况下，按理说探险家的性命应该已经岌岌可危，然而没想到的是，探险家竟然打破常规，给自己割肉放血，虽然这个举动可能加速他的死亡，然而当鲜血染红探险家身边的白雪时，直升机很快就发现了他。探险家在这种近乎绝望的困境中，依靠打破常规思维为自己赢得了一线生机。

敢于打破常规也是企业发展中获得新出路的根本大法，一个墨守成规的企业很难取得真正意义上的转型和升级。

华为核心路由器的研制成功，超过了思科这样的知名企业，一举成为全球核心路由器市场的巨头，这正是打破常规的结果。众所周知，核心路由器是通信网络中最关键的设备，全世界也只有思科、诺基亚和华为等几个企业掌握这项核心技术。在过去二十多年的时间里，思科一直是核心路由器市场的霸主，思科的路由器、交换机以及其他设备承载了世界80%的互联网通信，被称为硅谷新经济的典范。

华为不甘心一直屈居人下，所以在路由器和电信级以太网交换机市场上，勇于解放思想打开思路，通过自身的努力不断追赶强者，终于成为全球第二大供应商。在华为的步步紧逼之下，思科逐渐走向衰落，三星也不如往日，爱立信则大幅度裁员，它们似乎都败在了华为的手下。从这个角度看，全球通讯业的霸主地位，正在从西方人手中向中国人手中转移。

无论是面对众口一词的赞美，还是面对众口铄金的误解，华为并不会因为外界的说法而改变自己的思路，而是默不作声地继续执行它的使命。甚至有人预言，华为下一个赶超的目标可能就是高通。

华为敢于打破常规，其要领就是从别人认为不可能的地方开始，不断挖掘自身潜力，最终创造出一个奇迹，这也是华为"狼道精神"的真实写照，也是华为军事化思维"刀刀见红"的亮剑精神，正是通过这种拼搏精神将行业内的其他竞争对手越甩越远。

华为已经清晰地看到，未来云计算会像过去十几年间 IP 技术改变电信网络一样改变 IT 行业，如果华为不做商业模式和技术模式方面的突破和改变，将来很可能会被市场淘汰。当然，云计算最早诞生于互联网公司，而互联网产品就是云计算的外衣。现在国内一些知名互联网公司已经将这种互联网基础设施能力进行分享，显而易见，互联网企业在云上的动作已经全面铺开，然而运营商受制于体制问题，速度并没有发展起来，所以华为不能重复这种错误，必须尝试打破传统和行业习惯。

云本来就是一个生态系统，华为的边界首先聚焦在 IaaS 层，即云计算领域和运营商合作方面。而对华为来说，现在云计算已经在逐步改变和重构传统企业信息系统架构，是一个飞速发展的重要时期，华为必须要打破常规去做。在华为看来，"不作为"比"试错"更可怕。基于对云计算市场的预估和分析，华为在几年前就进入了 IT 领域，让曾经只做电信基础设施的华为同时具备了 IT 和 CT 能力。假设华为当初没有进入 IT 领域，恐怕今天就没有和运营商谈网络转型的资格。

虽然华为发展速度很快，但是华为不会无底线地什么都做，因为华为很清楚，做得太多最终只能一事无成。虽然华为敢于突破自我，聚焦在企业的公有云领域，然而华为明确表示：上不做应用下不碰数据。因为华为进入公有云市场主要是满足两个目的：一个是今后企业购买 IT 产品可能不再局限于服务器、交换器这些东西，还会连带着购买云服务，所以华为必须要做；另一个是现在很多企业都在做私有云，以后自然会用到公有云，所以华为要填补这个空白。

在公有云领域，华为致力于打造一个开放的平台，能够允许更多的合作伙伴进入，这样才能营造更强大的行业规模，才能更具有市场竞争力。而且在业务模式上，华为的云生态和其他公司并不相同，华为追求的是商业成功和产业成功，需要通过多个厂家运营，也需要多个行业和多个供应商来共同解决。因此华为不会用客户的数据去赚钱，而是要从这些数据中分析出最有价值的信息，另外华为也不会触碰应用，因为不同的企业需要不同的应用，要求很高，差异化很大。

1984年，世界著名企业可口可乐公司，一度遭到了它的死对头百事可乐公司的挑战，为了改变这种不利局面，可口可乐将重任交给了塞吉诺·扎曼。扎曼通过更换可口可乐的旧模式，标之以"新可口可乐"，然后采取了广而告之的宣传策略。然而扎曼却犯了一个严重错误，他以为顾客能够接受一种全新的可乐味道，于是将原来可口可乐的酸味变成了甜味，结果新可口可乐成了市场上并不受欢迎的饮料。仅仅过了79天，老"可口可乐"便重返市场。扎曼的失败给他的事业带来了沉重的打击，随后他离职和一个合伙人开办了一家咨询公司，为微软公司和酿酒机械集团之类的大企业提供咨询服务。然而扎曼却始终坚持他的信条："打破常规，敢于冒险。"不久，他为微软、米勒·布鲁因等公司成功策划了很多发展战略，最后可口可乐也找到他咨询。

扎曼的故事告诉人们：打破常规也许是有风险的，但不破不立，因为怕犯错而不去冒险，其结果只能更为可怕。

华为敢于打破常规，也得益于一个特殊因素：华为并非是资本运作企业，而是一个依靠技术和解决方案来占领市场的企业。华为一旦锁定战略方向就会坚定不移地去执行，如果某个业务领域没有达到预期目标就直接砍掉，而对那些有潜力的领域，华为会继续深耕下去，等待有朝一日的大爆发。

现在IT行业变化速度很快，所以在技术层面就出现了百花齐放的局面，反而让很多品牌失去了特别优势。华为则不同，它将传统电信技术和IT技术重新整合，在处理能力上，华为和英特尔成立了优化中心，主要对云数据中心进行了优化整合，让一些核心技术成为华为的大平台技术,努力将华为打造成一个强大的IT公司。

虽然在大市场环境下,IT行业状况并不理想,然而华为并不担心这种情况,因为华为本身就不是以财务为导向的公司。上市公司需要向股东承诺每股收益不断增加,这种经营方式难免会影响到企业的核心竞争力,另外还会影响到企业在其他方面的投入。正因为华为不受这种财务导向的羁绊,所以能够更放心大胆地打破常规并以主航道为中心,持续投入研发,深入地了解市场。

现在行业生态圈的打造主要依靠的是企业的实力和行业影响力,不过还是需要领导者,如果没有人相信你能引领行业或者成为主要的供应商和解决方案的提供商,就不可能有强大的盟友,因此华为需要建立一个联盟,也需要在突破各种束缚之后克服重重阻碍将这个联盟维系好。

在《孙子兵法·势篇》中有这样一句话:"凡战者,以正合,以奇胜。"这里说的"正"和"奇"其实指的就是我们所说的"常规"和"非常规","正"就是指正面作战、常规作战、大规模消耗战;"奇"就是指迂回作战、机动作战。无论是战场还是商场,想要攻无不克、战无不胜,只能以正兵当敌,以奇兵取胜。正所谓:"奇中有正,正中有奇,奇正相生,变化无穷。""奇、正"双方,互相依存,缺一不可。一个企业能够在"正"的基础上灵活地运用"奇",就能够在市场竞争中取得事半功倍的效果。华为正是时刻保持着一种开放的心态,努力拓展思维领域,才未被常规所牵绊,最终斩获"奇效"。

你可以选择任意道具

华为的成功在于不拘一格，而华为的文化体系就是多元化的，甚至可以理解为是灰色的。任正非曾经在一篇文章中写道："资源是会枯竭的，唯有文化才能生生不息。"那么，华为的企业文化到底具有何种特色呢？简单来说就是不拘一格，自成一体。

在华为的企业文化中，有理性主义，也有实用主义，有拿来主义，也有本土主义，总之就是什么好用，华为就用什么。华为是一个真正将"古为今用，洋为中用"哲学思想融会贯通的企业。在华为眼中，文化系统就是要兼容并包的，只有广泛吸收各家所长，才能推动华为大跨度地实现发展。于是，外界将华为这种思维模式称为"灰度哲学""灰度管理"。

为什么叫"灰度哲学"呢？

"灰度哲学"是指在黑与白两种极端色彩中寻找一块中间地带，是一种调和、妥协、中庸的世界观和方法论。从本质上看，华为的灰度哲学是能充分折射出客观世界和现实情况的一种思维模式。从表面上看，灰度既不是黑色也不是白色，但似乎又兼容了黑色和白色；灰度也不代表对或者错，也没有好坏之分，是一种巧妙的融合体，其最大的特征就是不走极端。

任正非曾说："在变革中，任何黑的、白的观点都是容易鼓动人心的，而我们恰恰不需要黑的或白的，我们需要的是灰色的观点，在黑白之间寻求平衡。"显然，任正非所说的灰色包含了两个方面，一个是在战略和战术层面可以保持灰度，也就是说要学会灵活性和变通性，不要被束缚在条条框框之中，要懂得随机应变；另一个是在用人策略上要讲究灰度，也就是要用全面和变化的视角去审视一个人，这样才能增强和对方的信任，进而激发出自己的潜能。

有人认为，华为的成功是其企业核心价值观的胜利。这话不假，但绝不能忽略华为的"灰度哲学"，因为它集中体现出一种辩证的方法论。

2010年12月，任正非在给欧洲某大客户的高管们上课，题目叫作"以客户为中心，以奋斗者为本，长期坚持艰苦奋斗"。在课上，任正非说了这样一段话："这就是华为超越竞争对手的全部秘密，这就是华为由胜利走向更大胜利的'三个根本保障'。"这三个根本保障包含了以客户为中心、以奋斗者为本以及长期坚持艰苦奋斗。这三者被视作华为的"铁三角"的辩证思维，它们之间既有联系又能够相互支撑，因此形成了一种强大的拉力、推力和动力，构成了一种相对稳定的有机结合态势。

华为仅仅用了二十几年的时间就从一家超小企业成为世界五百强企业，为什么历史偏偏选择了华为呢？在任正非看来，是一种正确的哲学思维推动了华为快速发展，这种思维已经深入到华为的骨干分子的心中。

任何一家企业的成功都是管理哲学的成功，这和领导者的思维方式有着密切的关系。"灰度哲学"思想就是华为制胜的宝典，它是华为管理思想和实践行动的根本大法，是任正非和华为的经营哲学、管理理念的本质。正如任正非所说："一个领导人重要的素质是方向、节奏。他的水平就是合适的灰度。"

客观地讲，"灰度哲学"和中庸之道有异曲同工之妙，它们都符合事物的普遍联系和永恒发展的一般规律，"灰度"是万物存在的一种状态，也是其衍生的结果。所以任正非才强调："合理地掌握合适的灰度，是使各种影响发展的因素，在一段时间内的和谐，这种和谐的过程叫妥协，这种和谐的结果叫灰度。"另外，"灰度"是事物未来发展和变化的预期目标和执行过程，"灰度"是在多元化的空间中诞生的，因此有时候会显得非白即黑，却保持着始终如一的方向，但在朝着方向演进的过程中并非是一条直线，也可能是一条曲线，也可能是一个圆圈。

"灰度哲学"的最高状态就是平衡，而一个企业要想在长期发展中保持稳定，就势必要追求一种平衡的状态，因为平衡能够规避组织体系的崩溃。

当然，"灰度哲学"并非是万能的，它也有具体的适用范围。经过二十多年的实践，华为发现灰度哲学要界定运用范围，也就是它适用于战略和用人上。如果超出了这个范围，盲目和滥用灰度哲学只能带来相反的结果。

一个企业要想做到尽善尽美，就要按照人的思维方式去理解企业，比如企业需要有一个理性的大脑，这样才能制定出科学合理的战略方向和企业愿景；同时企业也应当有一个强健的体魄，这样才能规划好组织架构，才能运用好人力资源；另外，企业也需要有灵魂，比如企业文化和企业核心价值观，这样才能有利于指导一个企业不走弯路。

华为的"灰度管理"，恰恰是解决上述问题的方法论，而华为在解决这些问题上都采用了"灰色"作为基本色调。

在领导力方面，华为执行轮值CEO制度和领导力素质模型。在华为的高层中，"灰度管理"显得尤为突出，华为既吸纳了世界知名企业的管理经验，又加入了西方民主政治的一些惯用套路，由此推出了董事会领导下的轮值CEO制度。

所谓轮值CEO，就是在轮值期间为企业经营管理和危机管理的最高责任人。轮值CEO通常由三名副董事长轮流担任，轮值期限为六个月并进行循环。通过几年的实践证明，这种制度能够培养出合格的接班人，也能避免某个CEO在固定岗位时间太长造成路线和作风固化，确保了企业的活力。

华为在领导力素质上也秉承了"灰度哲学"，比如在思维模式上要求具备"灰度哲学思维"，在知识构成上则要求管理层具有"宽文化背景"，也就是要触类旁通、涉猎广泛。另外是在人品的要求上，华为的管理者需要带有一颗包容心，能够进行自我批判。

在企业发展战略方面，华为强调的是竞争与合作、专注和平衡的协调性。比如在对市场变化的判断上，华为强调进攻性，对应的自然是"狼道精神"，然而这并非唯一的策略，当内外环境都发生变化时，华为也要适度进行妥协和变通。正是坚持着这样灵活的原则,华为才能和几个竞争对手形成了一种动态的势均力敌的关系,有人将其概括为"共同瓜分世界"。

华为在战略定位上强调战略聚焦和平衡发展。正如前面我们所说,华为在二十多年的发展历程中只专注于通信制造,对"窗外的风景"几乎是不闻不问,也从不轻易扩大产品线和业务范围,这就是战略聚焦。然而另一方面,华为也不放弃对企业外部的市场进行观察,因为这会影响到华为的企业决策。因此,华为信奉在扩张的同时进行精细化管理的法则,能够将两者有机地结合在一起,并根据市场环境的变化随时调整战略重心,并与全球化企业接轨。

华为在组织和人力资源上,崇尚的是人性假设、激励原则等。华为对人性的解读是,由于"灰色"所以会趋利避害,这就让华为既会用核心价值观去要求员工,同时也能够正视员工接受企业文化需要过程甚至是不会全盘接受的客观事实。在华为,不会因为某个人不能完全认同企业文化而抨击他,因为人性本来就存在着灰色地带,是允许存在个性差异的。

正是有了灰度哲学作指导,华为才提出一条激励原则:给予员工一定的利益但不能让他们享受太充分的利益,更不能将他们转化为利益的完全既得者,这样才能保证他们既不会放弃斗志,又不至于脱离华为这个团队。

长期以来,华为推出"以奋斗者为本"的口号,强调不能用资本去束缚企业的发展,只要你离开了华为就必须放弃一部分权利,比如股权。也正是出于这种顾虑,华为才一直迟迟不肯上市,因为在华为看来,公司上市之日就是全员斗智锐减之时。在华为看来,所有违背灰度哲学的政策,都可能将华为拉入一条不归路上。正是华为的"灰色"给了华为"春色"。

少谈星座，多谈巴纳姆

现在很多年轻人很痴迷星座，不仅将其当作聊天的谈资，甚至还将其划归为一种世界观，用来迅速地识别他人：找工作看星座，找对象看星座，交朋友也要看星座……很多人都坚定地认为，星座学说很神也很准。其实，借用认知心理学的观点来看，星座学说本质上利用了"巴纳姆效应"。

"巴纳姆效应"是指一个人容易相信对自己的似是而非的判断，比如"你是一个骨子里很叛逆但又惧怕世俗的人""你有时候很善良有时候也很残忍"等。归根结底，星座学说的魅力源自心理科学，因为潜意识对人的操控力量是很强大的，能够左右人们的思想，进而改变人们的世界观。如果能够合理地将这种意识的力量作用在人身上，那么必定会起到非常积极的作用。

华为经过多年的发展，构建了人力资源管理体系，也积累了相当丰富的组织建设和人员管理的经验，正是这些有效的人才管理手段，才推动了华为不断地向前发展，其中有很多管理经验正是利用了心理学对人的刺激作用。

任正非曾说："我们提出狼狈组织计划，是针对办事处的组织建设的，是从狼与狈的生理行为归纳出来的。狼有敏锐的嗅觉，团队合作的精神，以及不屈不挠的坚持，而狈非常聪明……"

狼狈组织体现出的是一种组合之力，它和心理学上的"结伴效应"以及"观众效应"有关。简而言之，就是当人与人进行有机组合之后，会乐于展示自己最优秀的而别人欠缺的一面，也会因为有人关注自己而更好地发挥其潜能，因此会在不同的组织结构中产生不同的效果：在胆小谨慎的人面前，做风果敢的人会更加具有决断力；在粗枝大叶的人面前，细致认真的人也会更小心……这是一种合理优化人才组合的方式，能够帮助华为更好地操控组织。

狼与狈是一种看似对立其实融合的案例，二者不能被割裂。若只提到狼，那么就会让华为失去必要的理智；若只强调狈，又会让华为失去猛冲猛打的勇气。

韩非在《显学篇》写道："明主之吏，猛将必发于卒伍，宰相必起于州郡。夫有功者必赏，则爵禄厚而愈劝；迁官袭级，则官职大而愈治。"这段话的意思是，勇猛的将领都是从士卒中选拔上来的，贤臣也是从基层中一步步走上来的，只有这些人才更了解一线的情况，也最能体恤奋战在一线人的辛苦。

对于韩非的这篇论断，华为也是非常推崇的。任正非曾经在华为的新年献词中指出："要从各级组织中选拔一些敢于坚持原则善于坚持原则的员工，在行使弹劾的否决权中，有成功经验的员工，通过后备队的培养筛选，走上各级管理岗位。现代化作战要训战结合，干部要以基层实践经验为任职资格……"正所谓"宰相必起于州郡，猛将必发于卒伍"。

华为倡导的是一种激励原则，这种激励原则让奋战在不同岗位的员工有强大的进取心和积极性，他们能够将自身的潜能毫无保留地发挥出来，去为企业的发展贡献力量。毕竟，商场如战场，既然选择了华为这支队伍，就要拿出全部勇气和智慧为华为的未来作殊死拼杀，只有在残酷的竞争中存活下来了，才能为个体赢得更大的生存发展空间。

"田忌赛马"的故事相信人们耳熟能详，简单地说就是利用自己的优势去对付别人的劣势进而反败为胜。任正非在一次讲话中指出："我们在科学人才领域不搞田忌赛马，华为要靠自己的整体优势取胜，而非像田忌赛马那样整体实力不足，仅靠调整部署取得一两次胜利，华为必须持续取胜。因此，华为要加大前瞻性战略性投入，要容得下世界级人才，建立起全面超越的专家队伍。"

华为能够正视自身的短板，并通过改造短板来提升自我，这是一种"置之死地而后生"的方法论：先将自身的缺陷暴露出来，抛开一切顾虑，能够提高获胜的概率。这在心理学上叫作"防御性悲观"，是一种同样能提高胜率的思维方式。简单说，就是当一个人将所有悲观的结果都设想出来之后，反而会变得如释重负，卸掉心理负担，轻装上阵地争取胜利。

过去打仗时，有些军阀会在冲锋的时候喊出"冲上去给二两大烟土"的话，于是有不少士兵就真的将生死抛在脑后冲了上去，这是一种很典型的激励效应，能够最大限度地激发人们的潜能，做出意想不到的成绩。

华为也需要一块为精神提供续航动力的"充电宝"去激励员工，让他们爆发出一种表现欲和求胜欲，最好还能对这些欲望"上瘾"，这样才能锤炼出一支具有自觉意识的战斗团队。任正非在华为的一次人力资源工作汇报会上说过：跑到最前面的人，就要给他二两大烟土。这句话的意思是公司里绩效好、表现突出的员工，都应获得良好及时的回报。

激励作用能够激发人深藏于体内的潜能，让其能够不计后果地勇往直前。这正是一个处在开疆扩土时期的企业所需要的精神面貌和工作作风，如果太过保守，那只能守业而无法创业，更不可能获得惊天动地的壮举。

企业和团队的发展不可能一帆风顺，正如个人的成长也要经历曲折和苦难。很多时候，我们的成长都呈现出"之"字形，而华为提倡的发展模式正是如此。在华为的高层管理者看来，一个员工经历得越是坎坷，就越能积累丰富的行业经验，在思考和处理问题时往往能做出最佳答案。比如，一个员工在研发部门做过管理，又在一线和客户打过交道，那么在处理产品问题时就能从产品设计和客户关系管理两个维度去思考，就能想出两全其美的办法，不会犯本位主义的错误，这也是华为需要的人才和工作方法，它能够将华为凝聚成一个强有力的战斗集体。

任正非曾说：干部和人才不流动就会出现板结，会让机关和基层脱节，如果形成阶级，华为迟早会分裂。所以任正非一直强调干部和人才的流动性，要求不拘一格地从有成功实践经验的人中选拔优秀专家及干部；推动优秀的有视野的意志坚强的品格好的干部走向"之"字形成长的道路，从而培养大量的将帅团队。

"之"字形成长，反映的是心理学上提到的"挫折教育"，让一个人经受足够多的考验，从而磨砺自身的意志和能力，才能为团队贡献最大的力量。

在华为2013年的市场表彰大会上，任正非给徐文伟、张平安等人颁发了特殊的奖项：从零起飞奖项（上一年度业绩未达"底线目标"的团队负责人奖金为零）。这支团队在2012年虽然历经磨难和拼杀，却没有达到预期目的，而他们也在当初许下不达目标就不拿奖金的承诺，所以任正非给他们颁发了零元奖金。任正非还说："我很兴奋给他们颁发了从零起飞奖，因为他们5个人都是在作出重大贡献后自愿放弃年终奖的，他们的这种行为就是英雄，他们的英雄行为和我们刚才获奖的那些人，再加上公司全体员工的努力，我们除了胜利还有什么路可走？"

"从零起飞"是一个比较文艺的叫法，然而对企业来说这恰恰是一种极具技巧性的管理策略，它能够让员工以较低的代价认识到自己的不足，从而在日后的工作中提升自我，发挥出更高的工作水平。任正非给员工颁发"从零起飞奖"，就是想暗示其他员工避免"获此殊荣"，这样才能激活他们的斗志，同时让他们学习到团队负责人言出必行的精神，从而更好地为华为的发展贡献力量。

任正非曾经用"喜马拉雅山的水流入亚马逊河"比喻在零距离的互联网时代，干部是能够流动的，一个地区成功了，就会将有能力的干部输送到另一个地方去支援，从而复制并推广成功的经验。

任正非说：我们要推动队伍循环流动，进一步使基层作战队伍的各种优秀人员处在循环过程中，能够流水不腐，形成整个公司各个层面都朝向一个胜利的目标，努力前进和奋斗。

人才的循环流动，体现的是一种"模仿效应"，也就是一个人的行为可能会影响到周边人。当人才在多个岗位开展工作之后，他身上的一些长处就会被其他人效仿，从而将这种个体化的优势升级为集体化。当然，如果某个人存在着较大的缺点，华为的相关负责人也会尽力令其改正，从而抑制这种负面的模仿效应。

不少企业发展到一定规模之后，都会遭遇各种各样的问题，如果使用固定的理论进行指导，那么当新问题出现的时候往往就会无法应对，企业的发展可能会陷入停顿状态。华为预感到会出现这种情况，于是就不断给员工在心理层面"输血"和"打气"，提高他们对抗风险和应对挫折的能力，增强华为的"免疫力"，即便偶尔偏离航道也能很快地被拉回来，这就是华为卓越的战斗力。

世界上任何一种资源都可能会最终枯竭，只有人内心的力量是可以不断被激发的，这需要一种良性的企业文化去调整，而这正是华为的高明所在。

坚持黑人和长期自黑

一个企业最怕什么？不是黑历史，而是辉煌的历史。

如果一个企业总是想躺在功劳簿上发展，那么这个企业距离死亡也就不远了。因此，任正非反复强调华为是一个"没有历史"的公司。那么，如何忘掉自己的历史呢？最好的方法就是坚持"黑人"和"自黑"。

所谓"黑人"，就是要敢于向竞争对手提出挑战，敢于抨击对方的不足，这样才能迫使自己掌握更优于对手的技能。正如在金庸的《射雕英雄传》中，郭靖如果不敢挑战武林前辈，又如何能获得华山论剑的王者头衔呢？

然而在现实中，很多企业就是害怕抨击别人，其本质上就是害怕挑战自我。殊不知，伟大源于害怕。任何一个人或者是一个团队，如果失去了伴随其成长的不安全感，那么势必会"死于安乐"。当一个始料未及的打击到来时，就会措手不及，甚至变得麻木，完全失去反抗的能力，于是一个人就倒下了，一个团队也就溃散了。

当今的市场竞争环境，就是一片未知的原始森林，几乎每一天、每一寸土地都存在着不可预知的危险，如果企业不能有足够的警戒心理，就会失去对危险的判断能力，以至于当危险到来时也不能及时发现，最终会让一个初始的小黑点变成一个大黑影，让这种黑影笼罩在自己的头上，最后彻底将自己包围。其实，战胜恐惧感和不安全感的过程，正是一个企业从小变大、由弱变强的过程。

华为被誉为全球电信制造领域的领导者，然而华为现在真的安全吗？真的完美无缺了吗？当然不是，华为很可能面临着史上最危险的时刻，因为这正是它最强的时刻，因此华为不会放弃"自黑"，也敢于去"黑人"。面对复杂多变的市场，华为深知不能正确认识自我就会产生盲目的骄傲和故步自封，最终会在残酷的市场竞争中败下阵来。

华为昔日的成功凭借的是什么？是眼睛看着客户，屁股对着老板。然而今天的华为是否也坚持了这种企业文化呢？是不是也有下级将自己的职业前途寄托在一个上级身上呢？没有，因为这是华为的企业核心价值观，是不可能轻易被动摇的。

据说，华为的机关部门至少有三万人，这么多人围在一起，远离一线，难道每天就是靠着喝喝茶看看PPT来完成任务的吗？当然不是，任正非多次强调，要让听得见炮火的人指挥炮火。其实这就是任正非对华为最有力的"自黑"。

任正非曾经表示华为有两个重要法宝：一个是艰苦奋斗，一个是自我批判。华为这么多年来能够一往无前地发展下去，依靠的就是理想主义、实用主义以及实践精神，所以华为需要自我批判的精神，这是促进华为不断成长的内在驱动力。自我批判能够促使企业由内向外进行改革，能够触及很多弊病的根本，更能警醒员工和管理层剖析自我、认识不足，最终促使企业在经营和管理等方面趋向完美。

从现实情况来看，华为当年的小团队文化已经不适合现在的经济形势了，那时候崇尚的个人英雄主义也要被集体主义所代替，而且不可避免地会遭遇山头主义的影响，这对企业的未来发展是极有危害的。

和山头主义相伴随的是一种散兵游勇主义，相当于新中国成立前散落在全国各地的土匪，与之相对应的就是政府的正规军。这是两种不同形式的组织结构，纵观中国历史，我们的文化基因中缺乏商业历史和商业管理理论，唯一能够从历史中借鉴的就是组织形式。任正非敢于"自黑"，也正是因为他自信地从浩如烟海的历史信息中找寻到了有益的启发。

任正非曾说，毛主席在1974年将八大军区的司令都召集到北京开会，先是集体起立唱《国际歌》，然后宣布各大军区司令员对调，每个人只准带一个勤务兵，其他人员必须留守在原驻扎军区，再由邓小平做军委副主席兼任总参谋长。在1997年华为的"千人大辞职"事件后，华为实现了人力资源的更新换代，体现出了华为特有的"能上能下"的组织特征，而这正是出于"自黑"才产生的结果，也是华为走向国际化的重要推力之一。

除了让干部员工能上能下之外，最关键的还是要削弱山头主义对华为的负面影响，华为在全国各地的办事处主任只能任职四到五年，除了极个别情况，办事主任在调动时都不能带走手下的人，华为这样做就避免了团队中滋生山头主义，通过增强人员的流动性，让更多的华为人能够互相了解并建立工作友谊。

任正非十分欣赏西方文化中的优秀基因，他认为西方人能够创造今天的成就，就在于他们能够不断对自身成长和发展中滋长的有害因素进行内部清洗。比如美国的两党制，就能强化民众和在野党对政府的监督，所以能够维持上百年的兴旺不衰。对于华为来说也是如此，只有敢于正视企业发展中遗存的某些顽疾并加以改正，才能不断加强华为的内力修炼。

华为的"自黑"有着明确的方向：一切围绕着核心价值观去执行。而这个核心价值观就是大家耳熟能详的："以客户为中心，以奋斗者为本，长期坚持艰苦奋斗"。

有些企业家困惑，认为自己明明也有价值观却不能给员工"洗脑"，其实这正是因为缺乏了自黑精神才导致的。在西方的教堂里，神父或者牧师都是诲人不倦地将基督教义精神一点一滴地传递给信徒们，而在这些教义中，最闪亮之处就是一切以人性为出发，表达了人对自我的一种不安全感和对未知的畏惧感，华为正是借用了这种有益的宗教思维，才成功地打造出了属于自己的企业文化。那些不能对员工"洗脑"的企业，执行的都是一些脱离人性、不能正视自我的伪企业文化，当然也发挥不出其应有的作用了。

想要传承企业的核心价值观是一件很困难的事情，关键点在于要长期坚持自我批判，体现在企业管理上就是：无论你是什么人，只要违背了以客户为中心的企业价值观，就是华为批判的对象。于是"黑人"和"自黑"就同步产生了。

自我批判不是为了骂街痛快痛快嘴，也不是吓唬吓唬员工树立管理者的权威，而是为了防止企业组织发生"癌变"。对于企业来说，每增加一个人，就会带来双重的因素，这个人的优点和缺点都会被带进来，比如他的勤奋，比如他的贪婪。长此以往，员工的缺点势必会对企业的整个组织进行腐蚀，这就需要通过自我批判来矫正和预防。

但是，"自黑"要有限度，"黑人"也要有底线，如果将批判的力量弄得很大，就会造成严重的互相伤害，就只能起到适得其反的作用，对企业的和谐与稳定也是非常有害的。为此，任正非曾表示，不能为了自我批评而天天"做运动"，因为即便天天运动也一样会走向衰老，甚至可能会引发一些别的病症，所以自我批判要讲究方法。

华为的军事化思想其实反映的正是一种科学的自我批判精神。西点军校校长亨利中将曾说：美国军队未来的核心思维是批判性思维。只有不断批判，才能不断适应变化的互联网时代，才能塑造出新型的军人和军队，才能有效地进行美国军队的组织变革。在这个问题上，任正非受到了很大的启发并进行了深刻的思考。

民主生活会是华为最典型的自我批判形式，也是一种中国特色的组织内部的"自黑"手段，这是华为恪守了二十多年的优良传统。华为每三个月或者半年，都要在中高管理层进行一次民主生活会，把平时不敢讲或者不方便讲的话都说出来，帮助华为解决问题。华为通过民主生活会完成了企业的自我超越。

从某种程度上看，民主生活会属于"中国特色"，因为在西方，这种方式是有悖于一般社会法则的——在一个小团队中进行自我批评等于泄露隐私，所以西方管理学更强调的是进行组织批判，通过制度来约束人性中的负面因素。然而在华为却还是采用了中国式的批判与自我批判方式，任正非明确提出：不准对提意见的人打击报复。比如在开会的时候，如果有些问题比较尖锐，涉及某个人，为了不让被批评者当众出丑，就会让当事人到外面休息一下，然后大家伙尽情讨论，讨论完毕之后再告诉这个人需要改正哪些问题。有了这样的良好作风，员工就不会担心被主管穿小鞋。

一个企业的成功从根本上看是战略的成功，一个战略家能够将一个商业团队带上正规需要具备一定的思想，而这个思想就是能够剖析自我、剖析他人和剖析团队。从客观上看，个人所处的组织会分担中国人所需要的自我批判的义务，而这就是华为将"自黑"和"黑人"上升到组织化的根本动因，也是促进华为不断走向成熟的内在动力。

Part 5

强大的团队怎么带

你的阵地你做主

华为在国内市场中拥有着一套合理的营销战略，尤其是其陆续开发的网络通信产品，比如路由器等，都是参照"模仿—创新—替代"的路径在国内市场渐渐取得优势的。现在中国市场上对外国产品的替代，有人称其为"一次替代"，这对于国家经济的持续发展有着非常重要的作用，也是后发经济体现工业化并赶超发达经济的必经之路。倘若中国在很多重要的产业领域内都能实现这种替代，那么中国的民族工业体系就能够初具规模。

目前，在中国的工业部门中，做得比较成功的当属通信设备领域，这主要得益于两个因素：一个是政府的政策扶持，另一个是以华为为代表的市场化程度较高的企业自身的努力。现在，华为在中国市场已经占据了相当大的竞争优势，当这种优势积累到一定程度之后，就会将产品推向国外。如果说中国市场的"一次替代"依靠的是地缘优势，那么"二次替代"才是真的展示出了企业的竞争实力。

华为的国内竞争优势与它的人才构建体系有不可分割的联系，虽然华为是一个"后进生"，但却是一头"学习的野兽"；外加一股初生牛犊不怕虎的劲头，有着惊人的技术研发能力和消化能力，华为能够让它的产品在满足客户基本诉求的同时又能和国外的产品竞争，因此在国内市场站稳了脚跟，并通过以攻为守的策略抵抗了国外产品的入侵和压制。

有人认为，华为的这种创新属于"破坏性创新"，即打破价格壁垒，走技术战和价格战的双重路线。众所周知，通信和网络产品的开发成本占比很高，其中主要用于技术人员的薪酬开支，而华为对人才的高效管理能够最大程度发挥其技术优势，通过这些知识型人才增强产品竞争力。

从20世纪八九十年代开始，当很多人还停留在中国人口红利和劳动力资源优势的意识层面时，任正非却能先觉性地发现：中国在世界人力资源市场上，高级劳动力的优势也十分巨大，而这正是本土化竞争的重要优势。后来，华为正是利用了这个被人忽略的优势成功地杀进了国际市场。

中国不仅拥有着大量的普通劳动力，也拥有着一批高级的劳动力。根据统计，中国拥有着世界上最庞大的工程师人群，然而却缺少高端创新的领导者。在20世纪末到21世纪初的二十多年时间里，中国的国有企业和科研机构吸收的工程技术人员在逐年减少。很多民营企业对技术人才还不够重视，但是华为身处改革开放的前沿阵地，凭借着地缘和待遇优势，吸收了很多技术性人才加入华为，仅凭这一点就超过了很多国内民营企业，也体现出任正非在人才任用上的独特眼光。正是他的高瞻远瞩，才为华为储备了知识经济时代的重要财富。

与海量高级劳动力相对应的是，中国的高级劳动力使用成本也比很多发达国家要低，在欧美和日本的很多国家，雇用一个高级工程师花费巨大，而在中国就要低廉很多。这种状况固然对工程师们来说不公平，但是对中国的科技企业而言却成了绝对优势。因此，华为大批量地引进高端人才，经过一段时间的培训和实践，他们很快都成长为华为的中坚力量。

以华为为代表的国内民营企业，很多在创业之初都基础薄弱，只有根据客户的需求在应用技术领域内创新，才能更好地改善产品性能，这种准确抓取客户需求的方法有利于在国内市场打开渠道。换句话说，当国产产品无法在技术上和外国货相抗衡的时候，就需要在满足客户诉求方面能更胜一筹，这也是促进民族企业不断发展的助推因素。现在，华为的一部分技术已经成为世界的领先者，其自主创新成果大概占到国内企业总成果的三分之二。华为的技术创新具有以下四个特点：

首先，华为强调新技术的开发必须要尊重"交付价值"，也就是让客户最终得到产品的功能和使用利益。华为不会为了创新而创新，更不会为了超越客户的基本诉求进行盲目的创新，这就大大避免了"大企业失败"的魔咒。尤其是在国内市场，人们的生活理念和消费理念整体落后于国外，太过超前的服务和创新往往是出力不讨好。

其次，华为擅长从国外的先进企业中学习成熟的管理经验，进一步提高自身的研发效率。此外，华为还会想方设法地拓展技术来源，除了进行自主开发之外还采取合作开发的方式，比如和阿尔卡特、摩托罗拉等企业联合成立研发机构，以迅速地提高自身技术水平，来满足国内外市场日益增长的消费需求。

最后，华为喜欢循序渐进地研发产品和开拓市场，认为这样更有利于攻克核心技术；不会盲目提出高指标和严要求，而是遵循国内市场的某些变化规律来逐渐发展；不会轻易分散力量，只要瞄准一个方向就绝不轻言放弃。难怪有外人评价华为"比较傻"，其实正是这种傻劲儿，才让华为瞄准一个目标不放松，最终能斩获战果。

华为不仅在技术上以客户需求为创新导向，还注意对客户进行公关，甚至将这种行为上升到企业的战略层面，通过组织机制和组织力量建立优势，让客户关系在开发、突破以及维护等方面具有很强的竞争优势并建立了核心功能。

华为的思路是从客户选择、需求分析再到客户接待等环节都做到标准和规范，依靠信息化管理的方式提升对客户关系管理的卓越品质。这正符合中国社会的某些特征，尤其是对那些比较强势的企业客户，更能打动对方，也能够建立多赢的共同合作模式。

自己的阵地不仅要靠自己的力量去坚守，更需要不断地去向外扩张，这样才能"以进为退，以攻为守"，稳稳地站住脚跟。另外基于国情和自身实力，华为在国内市场采取了"先边缘后中心、先农村后城市"的策略，从相对偏远的东北和西北地区先开始，然后逐步逐次地向一线大城市挺进，走了一条典型的"农村包围城市"的路线。这也十分符合华为后发式企业的特征，能够规避自身综合实力的某些短板，将优势发挥到最大化。

在争夺国内市场时，如果发现整体能力并不强于对手，华为就会注意在每一个局部战役中强化优势,通过压强式的运作超过竞争对手,直到将他们的客户资源抢过来。这正是毛泽东军事思想在现代商业竞争中的有力实践。

借力本土化优势,占领国内市场的同时又开辟海外市场,以阵地战的打法去赢得突围战的胜利,这就是华为利用高精尖的技术团队进行势力扩张的全过程,也是华为优化一个强大组织的特色管理手段。

你不是超人

任何一个企业的产品,都不可能保证十全十美,总会存在这样或者那样的缺陷,没有万能的管理者,更没有万能的企业,因为谁都不是超人。

任正非在一次讲话中提到了华为的手机协同存在的问题,此外还涉及了软件设计、外观设计、产品规划、盈利水平以及服务水平等五个方面的问题,这些问题正是消费者反映的问题。任正非说:"终端软件设计一定要有继承性,不要无价值地盲目创新。"这句话十分值得玩味,"继承性"说明了华为不要总想着创新、颠覆和反常规,要懂得坚守二十几年积累的经验,"无价值"则说明了华为也要吃饭要生存,不能带来利润的技术突破只能浪费兜里的银子。说到底,华为要正视自己所处的现状,因为华为不是超人。

现在,安卓手机大体上处于同质化发展的阶段,不仅是硬件同质化,操作系统也是同质化,其中硬件带给消费者的体验 90% 需要通过软件来实现。

苹果手机之所以能风靡全球、圈粉无数,不仅在于其硬件的高端,更在于苹果系统的出色设计,不仅外观精美,而且在内存占用、后台进程等方面都带给用户很出色的体验。任正非在谈到华为软件的问题时提到,华为手机应用摆放的位置总会发生变化,这说明华为在系统上没有继承性能,用户每升级一次软件,系统应用排列位置就会发生变化，而这种体验是违反用户使用习惯的。

除此之外，华为 EMUI 的美观度和应用图标删除后无法自动排列等问题，都会给用户带来困扰和不便。另外正如其他安卓手机一样，华为的后台进程控制能力不高，经常会引发应用启动速度慢以及内存过度占用等问题。

华为是依靠硬件起家的，所以任正非再三强调：“在消费者洞察方面，华为弱于互联网公司。”尽管华为的 EMUI 一直在升级，然而一些软件的细节问题和用户体验问题并没有得到根本解决。

这就给华为提出了一个严峻问题：如何带给用户更优质的使用体验？

现在的国内手机厂商都在力图优化用户体验，比如小米、OPPO 等，它们在用户体验上下的功夫甚至在某种程度上超过了华为。假设这些厂商将系统设计当成自己的核心竞争力去参与市场竞争，那么将来对华为的冲击将是非常可怕的。比如 OPPO，它作为一家研发实力不强的企业却能在系统软件上超过华为，同样是华为强有力的竞争者。

华为不是万能的，华为的技术也不是万能的，华为似乎也渐渐意识到了问题的根源：华为是一家超大型的企业，难免会"感染"上大型企业的通病。也就是说，不容易从细节出发去感受消费者的使用体验，而且随着华为手机市场占有率的提高，华为更有疏于在用户体验方面改进的倾向。

任正非曾说："低端手机具有巨人市场，OPPO/vivo 适应了客户需求，我们要考虑如何提高低端手机的门槛线，将高端机的新技术在中低端手机中重复使用，延长生命周期。"这段话的真正含义解释了华为手机一直被人议论的"高价等于高端"的言论。

华为 P9 在 2016 年上市之后，价格并不便宜，至少和当时市场上的其他同类产品相比，几乎不存在性价比优势。后来，华为也意识到这是一次失败的定价策略，由此带来的损失当然也不小。2016 年，华为手机的国内销量未能达到预期目标，而其投放的广告却是当年国产手机最多的，投入和产出不成正比。所幸的是，此时的华为已经具备了一定的品牌溢价能力，还是有相当多的消费者愿意购买华为，但"高价＝高端"的不理性言论，华为似乎也不再提及，因为华为已经对性价比有了一个更清晰的认识。

在手机外观的设计上,华为也不是让人满意的,比如最受人吐槽的"祖传大黑边",连任正非都无法忍受。任正非曾说:"法国美学所设计的东西其实很漂亮,你们也可以好好利用。"如今华为意识到,现在手机的换机主力还是年轻人,因此只有将手机设计得美观时尚才行。回过头来看华为的 P9 和 Mate9,都显得有些老气横秋,缺乏时尚感和青春感,太过方正,边角不够圆滑。

在竞争策略上,华为也曾经陷入误区。比如在 2016 年,华为被卷入多次手机品牌的口水仗当中,出现了攻击竞争对手的言论,这和当时一少部分管理者对 2015 年的销售业绩产生骄傲感有关。跳出手机圈子,这种互相攻击的现象虽然在互联网公司中屡见不鲜,但依然属于一种江湖习气,并不值得提倡,也很容易给自己树敌。相比国内的这些企业,国外的苹果和三星基本上都不参加口水战,也不会贸然评价对手。

后来,华为也意识到这个苗头将会把公司带入一个"大坑"中,于是任正非在公开场合就表示:"苹果、三星、华为是构成世界终端的稳定力量,我们要和谐、共赢、竞争、合作。'灭了三星,灭了苹果'之类的话,无论在公开场合,还是私下场合,一次都不能讲。OPPO、vivo 为什么是我们的朋友?因为它们是靠商品挣钱的,我们也是靠商品挣钱的。"

华为为了抢占线下市场,在国内开设了多家体验店,这种店的体验模式和 OPPO、vivo 有很大不同,开店成本高昂,据说是在一些核心商业圈,只要房东一听到租赁方是华为就会漫天要价。事实上,对于手机这种快消品,厂商必须精打细算,才能让每一分钱花出去之后都能有回报,而不能采用这种粗放式的营销方式。现在,华为也认识到线下推广会带来巨大的开支,因此,也同步加强了线上的推广。

任正非说:"过去十年,苹果公司就推出了两三款手机,他们投资负 50 亿美金(苹果一度发行外债,也就是说投资的并非是自己的钱,故为负数),盈利是 2336 亿美金。你们说要超越苹果公司,我同意,但我指的是在利润和服务水平上超越苹果,而不是销售台数。所以公司 EMT 会议给你们终端定了一个小目标,三年内,服务水平赶上苹果,利润率赶上 OPPO、vivo,这样我们就很满意了。"

2017年，华为决定进行裁员，通过控制人力成本来缩减开支，同时在营销策略上进行必要的调整。任正非也承认，华为要向小米学习，学习什么？学习小米的营销模式。归根到底，华为要学习互联网思维，要像那些互联网公司看齐，这样才能避免少走弯路，才能为华为寻找到更有力的竞争武器。

除了裁员之外，华为很可能要进一步降低营销费用，省去那些铺天盖地的广告和线下体验店的投建。而且，华为还会加强对相关部门负责人的绩效考核，让有能力者上任，这样才能将华为宝贵的资源都用在刀刃上。更重要的是，华为依然不会放弃低端手机市场，还可能继续开发多款低端手机，因为一部手机有成千上万个零件，从成本控制的角度看，零件的搭配未必以"全部最优"为标准，而是以"全部适宜"为标准，这样才是更精准、更科学的生产之道。只有加强这种精细化的运作，才能为华为节省更多的营销和制造成本，才能进一步提升用户的体验。而且华为在既有品牌优势的基础上继续向低端市场推进，会更加赢得不少消费者的信赖和支持。

2017年将是华为终端的一次重要调整年，相信华为在经历了疯狂的增长之后，需要重新认识手机业务，需要以诚意进一步打动消费者，从而让华为这个品牌具有持久的吸引力和感召度。既然你不是超人，那只能用超出常人的勇气、智慧和信念去争取超人的地位。也许华为已经参悟了这个道理，正在制定更"接地气"的战略决策去应对现实。

把大家的钱都放在一起

常言道：人多好办事，这句话也可以改成"钱多好办事"。虽然听起来有些俗气，但却是一句大实话。即便是再落后贫穷的乡村，也知道集资修路能给大家带来福利，也知道单靠一两个人投资不如大家一起掏钱有效果。作为参与市场竞争的企业来说，资金是否充足，一定程度上决定了企业的可持续发展状况。自然地，大力提倡自主研发的华为，也难免会遇到一个尴尬的难题：当资金缺乏时该怎么办？

中国古代有不少依靠打把式卖艺讨生活的江湖人士，他们三五一群，扛着几件兵器，周游列省，靠着勤学苦练的一点本领换取观众的赏钱与喝彩，这种生活方式有点像一种原始的"融资"：把观众的钱都拿出来点，犒劳犒劳这些江湖艺人。虽然现在几乎看不到这种谋生方式，但对很多企业来说，发展的道路上难免有资金紧张的时候，如果有人愿意支援一部分，自然能救救急。

拿技术研发来说，这是一项极其耗费资金的工作，特别是在自主研发方面。如果没有外部技术力量的支持，也没有外部资金的保障，在经济和科技相对落后于欧美国家的中国，走上这条"不归路"的华为是如何自救的呢？

华为起家时仅有注册资金两万多，这钱在当时的老百姓家是一笔巨款，可是对一个想要跨进国际市场的企业来说确实寒酸了点儿，加上华为不断地在科研上"烧钱",账面上经常是赤字百出。

  这种一文不名甚至负债的状况在 1993 年最为严重，当时华为无法应付高额的研发成本，也无法将其迅速变现，面临着资金链断裂的严重情况。华为只好采取应对措施来化解这些难题，避免陷入恶性循环的尴尬境地中。

  首先，华为用技术去交换市场，说白了就是拿技术去卖钱。比如在 1993 年，华为生产的一款数字机需要资金持续研发，而华为的账面上又捉襟见肘，迫于这种压力，华为通过向社会转让电源技术来缓解燃眉之急，明码标价地公布了每项技术的转让费用，并担保愿意让购买者派遣工作人员到华为学习如何使用这些技术和产品。这一招虽然看起来有些江湖末路之感，但对当时的华为来说却是一个重要的突破：找到了稳定的资金来源，确保了企业正常的运营秩序。华为的这种以技术换钱的买卖十分划算，相当于"买一赠多"，吸引了大批客户与华为确定买卖关系。更重要的是，华为对这些有需求的企业输出技术和人才培训，给当时通信技术还不够发达的很多企业指明了一条"捆绑销售"的新路，解决了他们的后顾之忧。华为在发展早期，正是通过这种"打把式卖艺外加赠送祖传神药"的方式，成功地撬开了国内市场。

  为了扩大销售渠道，华为还凭借《华为人》报纸的宣传以及对销售队伍点对点的沟通，向电信局寻求反馈。然而这种方式效果欠佳，但不管怎么说也为华为打通了一条渠道，让社会大众看到了华为的技术成果，等于花了点钱赚了吆喝和名声。华为的这套生意经逐渐在市场吃开，在 1994 年以后，华为的电源技术转让已经在国内全面铺开，通过这种方式，华为既打开了市场，又获得了大量的回笼资金，可谓是一举两得。

  一个江湖艺人再卖力打把式，终究也只能耍那么两三套拳法，看的人多了也就腻了，接下来的钱就不好赚了。华为也是如此，单靠技术换钱远远不能满足企业的长期发展，还需要合理地吸纳资金。当然，华为的"吸金大法"并不像某些企业那样毫无底线：你只愿意投资华为不行，必须要有业务往来，最好还能够为华为提供市场，能够成为华为的潜在客户。简单地说，华为也是"看人下菜碟"，虽然兜里缺钱，但是没文化的暴发户华为不待见，华为要的是既有钱又有路子的买主。

  当时华为的这套融资策略主要针对的是资金重做又有行业背景的邮电系统。华为通过吸收这些客户方的资金，将其主营的交换机业务的生产与销售和全世界的邮电系统单位进行合作，同时还帮助这些企业进行重组。从1992年开始，华为就开始运筹和邮电系统的合资企业，1993年正式启动成立了莫贝克公司。

莫贝克公司是华为和西安邮电部第十所研究所以及中国21家省会城市电信局共同创立的，目的是借用华为和邮电部十所以及电信局在人才和技术等方面的优势和特殊地位，将市场和生产融为一体，可以看成是华为"打把式"的前沿观察哨。华为由此不断吸纳更多的股东加入，丰富资金来源，让越来越多的邮电企业参股，使之成为一个由邮电职工参股的内部股份企业。

华为凭借莫贝克公司获得了大笔风险投资。钱包鼓了，底气也就足了，财大气粗的华为终于在1993年实现了自救，莫贝克也成了华为早期的主要融资渠道，让全国各地的邮电系统都陆续加入到华为的资金援助大军当中。不过，华为在莫贝克公司里并非绝对的控股方，而是股份较大的一方，华为的绝对股份起初低于其他邮电系统的股份综合。通过组建莫贝克，华为和电信局客户之间的市场和资金的友军体系已经形成。跑江湖有了朋友赞助，华为耍的"拳法"也就越来越大胆了。

行走江湖也要学会甩掉包袱，你习惯耍大刀，可是当地的老百姓只爱看耍棍，那么你的大刀就成了累赘，走得越远就会越拖累你，这时候就需要将大刀卖掉换成盘缠。2001年，美国的艾默生电气有限公司以7.5亿美元的价格收购了华为电气，承担了华为电气业务相关的债权和债务。从表面上看，华为卖掉了自己的"骨血"，其实是华为甩开了一个大包袱，使得自己轻装上阵，脚下生风。换个角度看，学会甩包袱也是为了方便和竞争对手展开一番厮杀。一个什么业务都想上的企业，必然要面对多个对手，其后果可想而知。

出门在外卖手艺，光靠一两个场子是撑不住的，必须多圈几块地才有的耍。华为从1994年开始，先后在四川、浙江、山东等地建立和当地邮电局合作的合资公司，进一步打开市场销售渠道，解决了华为的发展资金问题。地盘扩大之后，华为的胃口也更大了。经过几年时间，华为已经和各地的邮电部门联合建立了几十家合资公司，凭借这种利益共同体的方式巩固并拓展了市场，实现了以技术换资金、市场和土地等资本运营模式。总的来说，华为的这套生意经十分划算，既没有积累怨气也没有损害尊严，反而扩充了资金来源。

钱放在自己兜里才放心，企业发展需要的同样也是流动资金，所以华为不得不想办法解决这个问题。1994年，华为向招商银行总行营业部提出了开展国内"买方信贷"业务的建议。招商银行派出调查小组，在多个省份的邮电管理局和地方市县的邮电局进行实地考察，在了解了当地的发展状况之后做了认真的分析，最后，华为和招商银行签署了"买方信贷协议"，开启了银行和用户以及企业三方合作的新模式。通过这种模式，华为能提前、稳妥地将属于自己的钱入账，心里的一块石头总算是落了地。

这是由华为首创的中国买方信贷业务，这套方案得到了深圳政府和国家领导人的支持。通过这种创新方式，华为提高了企业资金周转的灵活度和安全性，体现出了华为在金融领域的创新能力，也促进了华为的健康成长。有了这套方案做保障，华为可以更加放心地去开拓市场，不再受到资金回笼问题的牵绊。身上的包袱轻了，步子也就迈得更大了，路也就走得更远了。

对一个研发型企业来说，资金和市场始终是必然面对的问题，华为作为技术的持有者，在立足于营造企业生存的外部环境上，成功地将客户、合作伙伴、竞争对手以及供应商等位于价值链上的利益相关体一起拉下水，在竞争和合作中进行利益共享，形成了多方共赢的有利局面。

华为在克服了资金的危机之后，也反哺了一些股东，让他们获得了低成本的产品共赢。这种将自身利益和客户利益联系到一起的利益捆绑，是华为在企业发展中的重要战略组成部分。华为没有在残酷的生长期中倒闭，反而练就了一身过硬的生存本领，这都得益于华为自身蕴藏的技术研发能力。懂得用别人的钱来发展自己的企业是聪明的企业，懂得用自身的资源去换钱的是高明的企业，这两点华为都做到了。

给他们来一打"魔鬼训练"

新员工能否快速地融入企业,直接决定着企业的战斗力和市场生存能力,也决定了企业文化是否能有效传承。然而我们的很多企业在如何培训新员工的问题上,并不能准确地找到合理的方法,或者是用力过猛给员工造成了伤害。总的来说,培训新员工是一门需要技巧和耐心的工作,更需要企业拿出诚意和真情实感,因为企业需要的不是一部工作的机器,而是一个个有血有肉的人。

在培训新员工这个问题上,华为采取的是一种"魔鬼训练"。但是这种"魔鬼训练"和一般意义上的"魔鬼训练"不同,它并非是通过折磨人的肉体和精神达到训练的目的,而是通过精细化的科学计算进行的一种训练。当一个员工回头去看这段经历时,才会真正意识到其中暗藏的"套路"和苦心。

华为对新员工的需求量很大,要求也很苛刻,因此对培训过程讲究的是快速和高效——在最短的时间内培训出最能适合华为企业文化的排头兵。

在20世纪80年代中后期,如雨后春笋般,中国诞生了400多家通信制造类企业,它们从一开始就注定要经历一场生死比拼,能坚持到最后的自然是胜者。在仅存的寥寥胜利者中,华为是最突出的一个。

为什么华为能够活到最后?有人说是狼道精神,有人说是专利技术,也有人说是天时地利人和……其实，企业的核心竞争力最终还是由人决定的。正因为华为有着一批素质过硬、专业能力超强、心怀行业信仰的人，所以华为才走到了今天。

为了培养人才，华为建立了华为大学，对招收进来的新员工进行能力强化训练，帮助他们快速提升与华为的融合度。在华为的十几万员工中，本科生以上学历的占了大多数，这个标准对于很多企业来说已经很高了，然而在华为，高学历也好，低学历也罢，都要经过一个被华为内部称为"大队培训"的课程。

据说这个"华为大学"仅在硬件设施投入上就超过了一亿元，可见华为在培养员工方面真是痛下血本。新员工在这里都是带薪接受培训。不要小看这个培训课程，每一个来到"华为大学"的员工，都会从这里开始第一回合的洗礼。在"华为大学"，员工要进入被编制好的班级，以便进行管理。教课团队是由教官、班主任、助理班主任以及思想导师组成。教官的职责是进行纪律和军事训练，班主任负责日常工作，思想导师通常都是一些老专家，向新员工传授课程。

"华为大学"是一座全封闭的大学，采用的也是半军事化的训练，其中文化课程占50%。这些文化课当然和一般大学中的不同，主要以诚信精神、团结协作、敬业和责任感等内容为主，其余的课程都是讲授日常工作的基本知识，比如信息安全、保密工作等，甚至还有最基础的办公软件应用。新员工在这里能够学习非常实用的知识，也能在日常应用的基础上获得能力提升。

当新员工离开"华为大学"之后，就要去遍布全国的华为基地，一部分人甚至要去到国外。不过，"华为大学"只是新员工接受训练的第一步，在他们来到企业之后，还要经过更为苛刻的训练和适应过程。

新员工在入职后，需要在七天之内尽快地融入企业，部门的负责人会为新员工安排好办公位置，让他们和周围的同事相互认识，还会和新员工单独沟通，让他们更加深入地了解企业文化和企业发展战略，了解新员工的专业能力和兴趣爱好等。经过一段时间的互动，新员工和老员工之间的接触会变得越来越频繁，这样就打消了他们之间的陌生感和距离感，让新员工尽快地融入团队当中。

经历了七天的适应期之后，新员工就不再享受身为"萌新"的特殊待遇了，部门负责人要在最快的时间内帮助新员工实现角色转变，要让新员工熟悉公司环境和各个部门的人，要将专业内容的相关经验传授给新员工，让他们多在实战当中学习和锻炼。通常在这个阶段，新员工会遭遇一些无法应对的难题，有人会产生畏惧或者退缩心理，部门负责人会时刻观察他们，和他们及时沟通，尽量打消他们心中的顾虑，如果实在接受不了华为的工作氛围，那就只能遗憾地悄悄离开。

当然，最可怕的魔鬼训练阶段是入职一个月之后，因为华为有要求：部门负责人可以适当给新员工以压力，让他们尽快获得成长。新员工一旦被推到逆境状态中，往往最能检验出他们的抗压能力和应变能力。这对他们而言也是最难熬的一个阶段，因为他们刚刚适应了新环境，轻易退出会得不偿失，但要想留下来，就必须接受华为交给他们的任务，这就要勇于突破自我。

如果一个新员工能够挺过两个月的时间，部门负责人会对这个新员工的好感度增加，新员工和团队之间也会开始建立起信任关系。当然，有的新员工虽然做出了一点成绩，却因为不够"轰动"无法得到表扬，这就需要他们能够正确看待自己在团队中的位置，进一步磨炼自我，增强曝光度，增强上级和同事对自己的信任。对那些心理承受力较差、内心又比较敏感和脆弱的人来说，一旦信任感建立失败，他们会产生强烈的挫败感。因此，这个阶段体现更多的是一种精神层面的折磨，是一种人和人之间有关信任的终极挑战。

只要和团队成员建立起了信任感，新员工就能撑到下一个阶段——入职三个月之后。在这段时间里，新员工在一步步地融入集体并展示自身最闪亮的一面。不过，这种展示需要付出巨大代价，比如，新员工要在团队会议中积极主动地发言，要当着很多人的面去表达自己的想法，这需要一种勇气和魄力，更需要在和团队成员交流的过程中运用谈话的艺术，否则会造成一些误会。有的新员工不善表达，但这是不能回避的现实问题，只有敢于在团队面前展示自己甚至是"暴露"自己，才能更快地和团队相融合。

在新员工入职四个月之后，基本上会转为正式员工，他们会面对新的、更大的挑战。他们要努力将压力和指标转化为动力，他们要明白企业的生死存亡和自己的人生幸福息息相关，他们会不知不觉地产生一种责任感和使命感，当然这也意味着他们已经成了华为的一分子。在这个阶段，部门负责人会帮助新员工重新定位，给他们安排任务并让他们找到奋斗的方向，而且为了锻炼他们的能力，会让新员工独立完成一些工作，让他们面对困难自己做出选择和决定，来推动他们快速成长。

当新员工来到华为半年以后，需要帮助他们进行一次正式的个人评估和发展计划，每个季度确保一到两期一个小时以上的有关绩效方面的面谈，会让新员工进行自评，让他们描述自己做了哪些事情、取得了哪些成果并在哪些方面存在着不足。要让他们看到和其他同事之间的差距，让他们产生一种竞争意识和比较意识，多看到别人的长处，也多看到自己的不足，这样才能有利于他们尽快弥补自身的缺陷。

如果你在华为工作了一年，不要以为你已经是一位老员工了，在华为，每个人自始至终都要接受培训和监督，这无关你的年龄，无关你的能力，更无关你的背景。换句话说，在华为，"试用期"是一个永恒的概念，只要你放弃了竞争意识，只要你安于现状，只要你的同事进步比你快很多，你都可能被淘汰，这才是华为魔鬼训练的精髓部分。

现在很多企业所谓的入职培训不仅效果很差，甚至有的根本就不存在，这就直接导致了新员工无法在第一时间融入企业，为将来的跳槽埋下了隐患。对于企业来说，招聘新员工已经消耗了招聘、培训以及人员重置等成本，还包括由于职位空缺带来的机会成本。华为很早就意识到了这个问题，因此制定了一整套体系完备、内容科学、细节明确的培训方案，帮助每一个新员工尽快地从组织外部融入组织内部，成为华为这个巨大团队的一员。这样既增强了企业的稳定性，降低了人才的流失率，也让新员工充分感受到华为的企业价值理念，坚定了他们和华为共同奋战的决心、信心以及恒心。

想当厨子的裁缝才是好司机

纵观中国历史，和政府做生意的商人没有能常开不败的，比如春秋时期的吕不韦，再比如清朝的胡雪岩，不管他们有多么聪明多么睿智，最后的结局似乎都不那么美丽。即使在近代中国，也没有哪一家从事对外贸易的企业能够超越时代，比如广州的十三行。十三行是在1757年由清政府特许经营的专业商行，拥有通往欧洲、拉美、东洋等地区的环球贸易航线，是清王朝闭关锁国政策下唯一幸存的海上丝绸之路。全世界的科技企业也是如此，从现在掌握的数据来看，没有哪个企业能够在B2B和B2C两个领域都能获得巨大成功，虽然摩托罗拉曾经在这两个领域都有所成就，然而B2C给摩托罗拉带来的却是短暂的辉煌。具体到通信技术企业，进入21世纪之后，无论是阿尔卡特、爱立信还是诺基亚，都没有保持超过十年的竞争优势。

在如此让人心灰意冷的大数据面前，华为却表示不服，它想要挑战这项纪录。现在，任正非已经带领着华为走上了一条前无古人后无来者的道路，所以他比其他企业的领导者更具有危机感，所以多次喊出"华为的冬天"，这不仅是一种警示更是一种孤独。

改写历史，打破纪录，这就是华为的野心，一个已经超脱于业绩和品牌的野心。难怪有不少人将华为看成是民族企业的骄傲，他们对任正非也给予了极大的崇拜。

在华为内部，每一个员工都深受任正非思想的熏陶和洗礼，他们的目标就是要将华为打造成为一个不同寻常的民族企业，一个能够在全球占据一席之地的通信企业。因此很多人说，华为是一个藏着巨大野心的企业。

华为虽然有野心，但也更现实，它从来不玩虚的。现在很多企业喜欢给自己贴上某一个标签，借此来显示自己的与众不同，比如有的崇尚情怀，有的讲究实用，然而华为却没有这种标签式的自我标榜，而"狼道"也不是一种标签，顶多是一种精神上的向往。任正非和其他华为人最讨厌的就是谈论主义，从实用学的角度看，华为讲究的是务实精神，然而有时候人们也会发现，在任正非身上依然具有理想主义者的某些特点，以至于很难对他和华为有一个达成共识的评价。

正因为没有"主义"，华为的行动才变得更加从容和洒脱，华为也才更有精力专注于企业发展过程中的某些现实问题。经过将近三十年的发展，华为已经积累了丰富的行业经验，追求的目标不是给自己树立标签，而是如何吸纳来自各方的力量去成就自我，以此来真正满足华为的野心。所以任正非说："不要总想到做领袖的光荣，不要去背上这个沉重的口号和包袱，荣誉对于我们来说是没有用的。"

华为不看重荣誉，任正非也不看重荣誉，他们看重的是如何在商战浪潮中屹立不倒，因此任正非才会说："你说未来有一个中国公司领导世界，我相信那一定不会是华为，因为华为是全球化公司，不是一个中国公司。为什么有这么狭隘的荣誉感呢？"的确，只有在脱离了荣誉感之后，华为才能真的抛掉"主义"精神，让它的野心变得更加现实化。

"主义"可以不要，但是学习精神不能丢掉，华为是一个拥有着可怕学习欲望和力量的企业，正因为不断吸纳新的知识和内容体系，才让华为不断诞生出创意，推动它去实现这些目标。华为的崇尚学习绝非一句口号，从任正非开始做起，他经常手不释卷，学习各类前沿知识，只要看到好的文章就会反复阅读，有了好的想法之后也会马上记下来，然后让秘书输入到电脑里进行修改，用最快的速度将他所学到的知识和心得体会传递给华为的每一个人。这种学以致用的精神为华为上下营造了强大的学习氛围。

任正非的学习意识让他从客观上为华为的发展做了丈量的标尺，形成了一种"学习—写作—传播—反馈"的有利学习机制，通过这种良性循环向华为全员传递企业文化和企业价值观。任正非曾说过一句话："记住知识就是力量，别人不学，你要学，不要随大流。"在任正非心中，学习就是一种救赎，所以他始终保持着学习的热情和劲头。

这种可怕的学习能力，让华为不断吸收各种新知识、新思想和新资讯，让华为在开疆扩土的商业战争中充分掌握第一手资料，让它能游刃有余地和对手鏖战拼杀。

企业追求利润和效益本无可厚非，然而华为并非是唯利益者。华为在其发展的二十几年中，曾经多次遭遇灭顶之灾，因此任正非能够理性地看待华为今天的业绩。他也不喜欢将自己、将华为装扮成一个好大喜功、沾沾自喜的成功企业，他更不愿意用成功企业家的身份去结识任何权贵。任正非将自己崇尚的淡泊名利精神传递给了华为的每一个人。根据华为高层透露，任正非曾经命令财务部门每年必须保持税收分贡献的增长，要将国家给的出口退税交还回去，这样才能保证华为的长治久安。

这种淡泊名利的境界，绝不仅仅是一种与世无争的个人修为，其实更是一种维系企业生存大计的智慧。拥有了这种智慧的企业，才有资格去谈野心，才有机会去争取胜利。不过，野心归野心，目标归目标，一个企业如果中了"人心不足蛇吞象"的邪，样样都想搞，事事都想做，却又不能正确衡量自己的能力，恐怕距离失败也就一墙之隔了。

正因为不能让野心随意膨胀，任正非才多次提醒华为的高层要具有领地意识。这个领地不是单纯指华为占了哪里作为地盘，也包含别人占了哪里为地盘，引申含义就是华为不要踩过界。任正非希望华为不仅要在做业务上有领地意识，更要将这个意识长期贯彻下去。任正非说："每个员工都要把精力用到本职工作上去，只有本职工作做好了才能为你带来更大的效益。国家的事由国家管，政府的事由政府管，社会的事由社会管。"

由此可见，任正非对国家和企业之间的关系十分看重，懂得维系并有力借用这种关系，帮助华为建立一个超越民族性的全球化思维，这才是推动华为实现远景目标的核心推力。更重要的是，华为懂得什么事情该和政府保持密切联系，也懂得什么事情要保持一定距离。这和任正非的个人经历不无关系，他经历了国家从苦难到崛起的一段时间轴线,所以才力图将华为打造成一个商业自由王国。当然这种自由不是一般意义上的行动自由,而是一种精神层面的自由,只有精神不受束缚,才能更贴近华为的终极目标。

正是任正非的这种洒脱,才让华为从精神层面超脱了"生死"。2011年,任正非在《一江春水向东流》的文章中写道:"死亡是会到来的,这是历史规律,我们的责任是应不断延长我们的生命。"这种宗教式的诠释定义,让华为具有了坚固的精神基石,奠定了稳固的企业底盘,不会轻易被大风浪所击倒。

很多野心勃勃的人都喜欢说一句话:为了达成目的可以不择手段。这种话听起来有几分霸气,然而仔细琢磨却是过于狂妄了。华为虽然推崇狼道,但华为是一头很谨慎的狼,是一头有智慧的狼,不是面对熊都敢上去扑咬的藏獒。无论脚步迈得有多大,华为都会时不时停下来看看脚下:有没有陷阱,踩得够不够稳。

对华为来说,危机和挑战随时存在,要想扫除这些前进的障碍,必须处理好几个核心关系。在制度方面,想要成为世界级企业的华为必须要妥善解决东方集体主义和西方个人主义在商业理念上的冲突,从中寻找具有普世意义的价值观;在文化方面,华为已经大胆地吸纳了不少西方民主的元素,帮助华为进行企业内部的精神改造;在市场方面,华为大力地依托市场,不像中国的互联网公司那样"用全球资本做中国市场",而是放眼世界,格局做得更大;人性方面,华为已经将中国文化的基因融入了每个员工的工作意识和民族情怀当中,让企业的内在精神动力更加充实和圆满。

从某种角度看,华为是中国企业发展史中罕见的一种公司形态,它所追求的目标、它所怀有的野心都和以往的很多企业不同,华为兼具了共产主义、资本主义和中国传统文化以及西方文明等多种杂糅的精神内力,相信在这样的文化背景的铺垫下,华为能够创造出前所未有的战绩。一个有野心的企业其实并不可怕,一个既有野心又有行动力的企业才真正让人敬畏。

"国王之手"养成手册

世界著名奇幻小说《冰与火之歌》中有一个职位设定叫作"国王之手",这个故事中君临城铁王座国王的首席顾问和命令执行人,拥有代表国王发号施令和统御三军以及执掌司法等的权力,特别是具有在国王因病或外出时代理统治者执政的特殊职能。和传统意义上的"御前首相"相比,国王之手职权范围更大,更具有执政的灵活性,这个职位并非像王子、摄政王那样与国王有着血亲或姻亲关系,却对王国的发展有着重要推动作用。

管理一个企业和治理一个国家同样劳心费力,也同样面临着一个现实问题:"国王"老去之后由谁来继续执掌呢?有人说"家天下",有人说"任人唯贤",还有人说"民主选举"……其实哪一种选择都有各自的道理,当然也在一定程度上受客观条件的限制。问题的关键是,如果仅仅是等待"国王"老去之后才选择接班人,会不会太晚了一点?为什么不能将接班人长期培养在领导者身边积累经验呢?要知道"罗马不是一天建成的",一个优秀的管理者也不是一天练成的。

作为一个国际化的大型企业,华为自然也面临着如何培养"国王之手"的问题,当然这是一个敏感话题,却也能体现出华为如何维系"领导者可持续性产生"的战略思维和执行方法。

2016年，华为的CFO孟晚舟（任正非之女）在清华大学作了一次演讲，提到了华为的人才观是不拼爹不拼妈，没想到媒体抓住了这句话使之成了热议的新闻——外界纷纷猜测华为的接班人是否已经定下来了。

父亲老去，女儿可能接班，这样的事情发生在华为，让人们不免产生一个疑问：华为到底是一个什么样的企业？是家族企业的还是社会企业呢？按照一般理解：家族企业的经营权在家族成员手中，这种企业在中国的私企中十分常见，可谓一人当老板，全家人都进入管理层。那么对华为这种巨型的私企来说，是否也具有这种特征呢？

从现在的情况看，任正非确实拥有华为最大的股权，不过股权只有1.4%，虽然相比其他员工还是占据了更大的比重，但这和一般意义上的家族私企完全不同。另外，由于华为采取了虚拟股权的激励制度，员工可以享有分红和增值的收益，因此从这种内部股权的占有情况来看，华为并不像是一个典型的家族式企业，但是华为却和娃哈哈、万达这些资本新贵一样，面临着相似的问题。

像华为这样的企业，第一代创始人尚在，而二代们子承父业的合法性也没有得到根本性的承认，从本质上看是被当前的国内环境和社会舆论所排斥的，所以如何选定接班人、如何让别人心服口服地承认接班人的合法性与合理性，这是一个复杂的问题，也是一个难题。

只要是有理想有抱负的企业领导者，无不梦想着造就百年企业，但他们却无法解决企业到底属于谁这个敏感问题，尽管他们有自己的观点和立场，然而这其中牵涉很多因素，并不能轻易解决掉，另外加上社会的包容性和认同性的不稳定，从根本上讲，"子承父业"存在着巨大的风险。

当然，目前外界对华为接班人的猜测也是一种多余，因为无论接班人是谁，华为都会坚持将自身的理念传递下去，这是任正非注定要坚持的准则，与谁来接替他并无多大的关系。长期身处华为企业文化影响的孟晚舟，也在极力贯彻任正非的很多管理理念，比如在华为内部反腐的问题上，她的强势甚至超过了任正非。从这一点上不难发现，华为已经将企业文化的精髓深深地植入每一个高层管理者的心中，无论是谁走上前台，他们都会毫不犹豫地坚持这些基本纲领与核心原则。

孟晚舟认为，华为内部正在积极推进组织变革并不断激活组织，这样做增强了对一线的授权，让听得见炮火的组织更有权力和责任，而内部管理则从以功能部门为中心转移到以项目部门为中心，通过简化管理降低内部运营成本，从而提升营业利润。

在对华为内部提高效率和效益的问题上，孟晚舟并非只是单纯地继承任正非的思想，也有着属于她自己的独特见解，她敢于用更加犀利的言辞去"扫描"华为自身存在的一些弊端，也敢于提出一些更加激进、有效果的措施。从2003年开始，孟晚舟就负责建立全球统一的华为财务组织，让华为的全球财务组织以更高的效率和更低的成本运行。2007年，孟晚舟又参与实施了华为集成财务服务的项目，帮助华为提供更准确更有价值的财务数据，推动华为持续为客户提供高质量的综合解决方案。

在外界看来，孟晚舟经过多年的历练已经和任正非一样具备了全球化的视角，称得上是"虎父无犬女"。而且，成长于不同时代的孟晚舟有超越任正非的独特视角，也能灵活巧妙地执行华为的既定方针，体现出了一定的领导者风范。在各个国家都提倡领导者年轻化的今天，作为一个大型企业的华为，自然也需要更年轻的管理者，他们能够将新思想和新时代相结合，能够给老一辈的创业者们提供更有时代性的建议，也能引领企业制定更灵活的战略。

华为从1996年开始进行全球化业务时就一直加强国际化进程，却在美国遭遇了严重挫折，多次被美国以国家安全问题为由否决，导致华为在开拓北美市场时承受着巨大的阻力，这也让任正非比较尴尬，颇有些进退两难的意味。现在一些外媒认为，孟晚舟的出现或许会给华为带来新的希望，而这希望的源泉就是她具有了崭新的知识和认知结构体系。

在以狼道精神为企业文化核心的华为，孟晚舟的掌舵无疑给华为注入了新鲜的活力，曾经低调的任正非也多次强调"开放"，后来公开表示华为的成功与"开放"的格局有着密切联系，而孟晚舟恰恰能够促进华为的这种开放性。更重要的是，孟晚舟在华为被员工高度认可，而且也拥有二十多年的管理层工作经验，加上她独特的国际化思维，都和《华为基本法》的第102条十分吻合——"华为公司的接班人是在集体奋斗中从员工和各级干部中自然产生的领袖"。

从孟晚舟身上不难发现，并不是任正非成就了她，而是华为的企业文化成就了她，没有华为精神的熏染，孟晚舟也不会成长得如此之快，经过时间的洗礼，她已经成了华为发展史上不可或缺的一员，而这正是华为需要的管理者。

当然，孟晚舟是否将接替任正非并无定论，也有人认为任正非的儿子任平同样具备这种资质，但是任正非在华为推行轮值CEO制度之后曾说过这么一段话："华为所有员工将集体决定公司的命运，怎么可能由一个人决定这个事怎么做呢？华为从创立那一天起，确立的路线就是任人唯贤，而不是任人唯亲！"

显然，任正非并不想过多提及子女接班这个问题，或许在他心中另有计较。但可以肯定的是，任正非在血缘和《华为基本法》面前，更看重的是后者，因为它代表着华为的精神支柱和源泉。

任正非曾经问过人力资源部一个问题："如果邓小平来公司应聘，我们能用吗？"现在，接班人问题同样考验着他的想象力，华为究竟能做多大、多强，取决于领导者的境界和追求，而这正是考验任正非魄力的重要时刻。

事实上，任正非是一个十分崇尚IBM管理理念的人，他现在所做的一切都是在等待这些接班人候选者的成长，外界现在对接班人无非是一种主观的猜测，或者更多是为了博人眼球。归根结底，究竟谁能扛起华为的大旗，究竟谁能继承任正非的衣钵，最终还是要用能力来说话。然而，无论是谁有幸走到这个位置，都要继续践行华为的企业文化和狼道精神，这是一条永不可改的原则。

精兵卫国

在人类战争史上,兵力的多寡一直是军队的重要优势之一。纵观两次世界大战,世界各国的兵力都爆发到了巅峰,特别是在二战结束后,美国和苏联的总兵力超过了两千万人。然而随着人类战争获胜模式的改变和战略思维的升级,各国都意识到不能继续坚持大规模重兵集团作战的模式,应当以精兵作为防御和进攻制胜体系。截止到2015年底,美国由二战后的一千多万减少到了一百多万,俄罗斯也将兵力压缩到了一百万上下,其他国家也都大量裁军,为的就是提高士兵素质,优化兵力结构,组建一支高效率的战斗之师。

无独有偶,中国古代的兵法也讲究"兵在精不在多,将在谋不在勇",简而言之,浓缩的才是精华,乌合之众除了在气势上能够唬人之外,并没有什么实际效果。商场如战场,企业也如同一支军队,人多了未必都能产出价值,关键要看人才的质量。

2017年,一则有关华为大力"清洗"34岁以上老员工的新闻传播互联网,随着一些媒体的各种非议而不断发酵。这则消息是从华为的心声论坛传出来的,据华为的员工反映,华为中国区开始集中"清理"34岁以上的交付工程维护人员,而研发部门则清退40岁以上的老员工,其中大部分都是程序员。消息传出后,外界纷纷以"华为无情"对其进行批评,将华为推向了风口浪尖。

面对负面新闻，华为马上对这个消息进行了解释，任正非作出了侧面的回应，他强调这一次裁员并非是"清理"，而是退休。任正非说："华为是没有钱的，大家不奋斗就垮了，不可能为不奋斗者支付什么。30多岁年轻力壮，不努力，光想躺在床上数钱，可能吗？"任正非这段话不无道理，企业发展总有用人和裁员的不同阶段，只是华为一向给外界高速发展的印象，现在突然要减员，难免会有人无法理解。

那么，华为为何要裁员呢？2016年，华为的智能手机发货量达到了1.39亿部，紧追三星和苹果，全球市场份额也达到了11.3%，可谓势头良好。然而在2016年的第三季度，全球智能手机市场总营业利润是94亿美元，其中85亿美元来自苹果，苹果以11%的市场占有率攫取了世界手机市场91%的利润。相比苹果，华为、vivo和OPPO分别位列第二、第三和第四位，利润合计占比仅有6.8%。

从这组数据中不难发现，国产手机在利润上依然被苹果甩在身后，换句话说，国产手机虽然总销量能比肩苹果，但是利润率却被瞬间"秒杀"。根据2016年华为的年报可知，华为的利润率仅仅达到了7%左右。也就是说，华为虽然在2016年比2015年的营收增加了1300多亿人民币，然而只增长了10亿人民币左右的利润，这代表着多收入的1300多亿几乎没有贡献有效利润，从这个专业的计算角度看，华为的增长利润率出现了下降的趋势。

虽然华为的影响力在国内外逐步扩大，然而和国际顶尖品牌相比依然存在着一定的差距。2016年华为没有达到内部获利的预期目标，主要原因在于华为手机的利润率比较低。据相关人士透露，任正非最忌讳的就是企业的盘子大、利润低，因此面对这种状况必须进行改革。为此，任正非给华为终端设定了一个目标：三年之内，在服务方面赶上苹果，在利润率方面赶上OPPO或者vivo。

在《华为基本法》中写过这样一段话："华为公司保证在经济景气时期和事业发展良好的阶段，员工的人均收入高于区域行业相应的最高水平。"然而基本法毕竟是死的，人是活的，市场环境也是千变万化的，华为也要根据实际情况进行灵活的调整，在华为利润率不够乐观时，就必须采取一些有效措施，比如精兵简政。

精兵是强兵，是能够在战场上既保存自己又能大量杀伤敌人的特殊士兵，精兵的存在意义是为了减少部队的负担同时提高部队的战斗力；同理，简政是简化政务程序和手续，是提高政务工作效率的一种策略。

华为的人力资源使用的原则就是精兵简政：用三个人的钱请两个人干五个人的活，只有对一些不适合企业发展的员工劝退，才能保证剩下的有能力者的工资上涨。

2015 年，中国进行了第四次军改，其中涉及裁军 30 万的内容。这绝不是一个小数字，然而裁军并不意味着军队战斗力的削弱，而是凭借调整军队兵种比例、官兵比例等内容对军队组织架构进行优化，只能增强战斗力而不会削弱。从这个角度看，现代军事化管理强调的是多兵种协同作战，讲究的是"精兵战略"，而非早年的人海战术。这种战略思想运用在企业也同样管用，在互联网时代，企业要学会运用多兵种的小团队协同作战，这样才能更好地开辟市场。

华为借鉴了精兵战略的思想，推出了"铁三角模式"——在拿到一个项目之后，会马上从各个部门抽调最精明强干的成员，跨部门成立一个新的小团队，在这个团队中有三类成员：核心成员、项目扩展角色成员以及支撑性功能岗位成员。简单地说，这个团队既有业务人员，又有技术人员，同时还有一些负责行政和财务的人员。在这样的组织架构中，战斗力自然得到了大幅度的加强和提升。

事实上，很多企业也懂得精兵简政的重要意义，但是往往在操作时会出现问题：裁掉的基本都是没有什么资历和关系的新员工，看似赶走了一批人，然而留下的人也未必是精英，导致企业越裁员作风越陈旧，新鲜血液都被排出体外，老旧和坏死的细胞却残留体内。然而在华为并不是这样，华为从来没有论资排辈的说法，一个新员工只要能力够强，就能在短短的几年时间里成为某个领域的骨干分子，甚至能够实现连升三级的岗位大跳动。仅凭这一点，华为已经将很多企业甩在了身后。

曾经有人宣称，华为"千人年入 500 万，年薪百万者破万"，虽然这则消息的真实性尚存疑点，但是华为的薪资待遇在业内的确不低。华为采用了精兵卫国的策略，就必然要给予精兵们较高的待遇，以此换来的是员工的高效率和高忠诚度，这对华为来说是一笔很划算的交易。

有了精兵和高薪作为人才管理的背景，华为在市场环境发生变化之下就进行了大刀阔斧的改革。在华为快速发展近 30 年之后，一些主营业务已经越来越趋于饱和，很多年岁大、股票多的员工正在一步步消耗华为的人力资源经营成本，只有将这些员工合理地劝退才能为更多年富力强的员工提供更大的发展空间，这也符合企业发展的一般规律。毕竟，有很多老员工舍不得放弃手中持有的内部股票，这已经给华为的人才扩充造成了障碍。

站在华为内部的角度看，确实有一部分员工在企业高速发展的时候不够冷静，已经呈现出自我膨胀的趋势，这对华为而言是非常可怕的事情。为了实现精兵简政，华为执行了严格的考核制度以及末位淘汰制度，虽然听起来有些"冷酷"和"不近人情"，但这是符合现代人才管理法则的行为，目的就是将最有能力的人留下，将能力不足的淘汰掉。

随着业绩的增长，华为其实需要更多的优秀员工，所以精兵模式在华为内部不止一次地被强调。曾经有华为的高管表示，苹果公司也没有多少员工，却依然能创造惊人的业绩，言外之意就是华为为何不能学习呢？事实上在经过了工业革命之后，劳动力数量和生产效率之间已经没有必然的因果联系，一个精英的价值注定要超过几个平庸之辈的价值。另外还有一个原因是，当华为的业务走向多元化之后，就不可能在每一个领域都成为全球第一，必然要有所扩张有所收缩，收缩就意味着要精兵。

当然，华为的精兵策略未必是要清退老员工，因为在华为工作五年甚至十年的员工也有很多保持着工作积极性的，他们所创造的价值并不会低于有朝气的新员工。相反，有些员工虽然年龄不大，却无法适应华为的发展节奏，不能将最佳的状态交给企业，所以华为的精兵政策，不会真的局限在一个"34岁"的死门槛上，会根据不同员工的实际情况来决定。如果华为真的机械地执行这套策略，那就真不是华为了。

选拔优秀员工是一个永恒的主题，淘汰落后员工只能是无奈之举。跳出华为裁员的风波来看，裁员对被淘汰的员工来说也未必是一件坏事：有的人不适合在华为发展，但也许会适合在其他企业发展，因此不能简单地将"劝退""清理"这些关键词看成是企业对员工的恶意行为。毕竟，企业都是以盈利为目的的，不是在做慈善。华为用人讲究的是性价比，这是市场的选择，而非华为的"薄情寡义"。

Part 6

套路客户的黄金法则

问问还要点什么

现在是一个讲究套路的时代，恋爱要有套路，求人办事要有套路，企业赢得客户也要有套路。然而随着市场的成熟和消费者趋于理性，一般性的套路已经不起什么作用了，硬广不如软广，软广不如情怀。

有一家公司招聘销售，来了三个年轻人参加面试，负责面试的主考官决定出题对他们进行选拔并最终录取一个。很快，主考官拿来一瓶水告诉他们：一个销售要用敏锐的眼光发现客户对你所推销产品的潜在需求并设法满足他们。主考官还表示，只要能把这瓶水卖出去，无论采用什么办法都可以。随后主考官假扮成一位客户，让三个面试者轮番上去推销。第一个面试者拿着水走到主考官面前说："先生您好，刚才我跟您交谈了好一会儿，相信您一定口渴了，要不要来一瓶水润润嗓子？"主考官听了之后摇摇头。第二个面试者点头哈腰地走过来，哀求着说："先生您一看就是心地善良的人，我上有老下有小，都等着我赚钱养活他们呢。您能不能可怜我一下，买了这瓶水？"主考官无动于衷地摇摇头。第三个面试者走到主考官面前，二话没说掏出一个打火机点燃了主考官的领带，然后问他："先生，您需要这瓶水吗？"主考官急忙拿过水浇灭了领带上的火。最后，第三个面试者顺利通过了测试。

虽然这个故事有些夸张的元素，但阐述的道理却是金科玉律：想要深度挖掘客户需求，不如为客户制造需求，只有当客户对你的产品有着强烈的需求时才能顺利地进行营销。

华为一直将"以客户为中心"作为企业的核心价值观，从本质上看就是对客户需求的重视程度极高，因为客户是企业收入的主要来源，甚至可以说是唯一来源。因此对华为来说，客户是企业存在的唯一理由，客户都跑了，华为也就该收工了。

企业依靠为客户服务产生收入，从这个角度看，企业的管理者并非是企业的老板，企业的客户才是真的老板。所以，企业的组织和人员都是通过实现客户价值为基础的，为客户创造价值的企业才有生存的意义。

有些企业不能认清什么是以客户为中心，甚至错误地将以管理为中心当成执行的准则。曾经有这么一家酒店，WIFI只能连接一个设备，也就是说如果手机上了网电脑就不能上网，从逻辑上看也没什么毛病，然而这种做法忽略了客户的需求，给客户带来了麻烦，这就是典型的以管理为中心。不能解决客户的问题反而浪费客户的时间和精力，这样的客户体验如何能提高企业的品牌价值呢？

从1997年到2000年期间，正是华为在国内通讯城市市场的拓展阶段。当时华为发现，由于电信网络设备需求供不应求，所以当时很多国际大企业在客户服务上都不是很周到，对客户的需求反应也有些缓慢。如果某一个电信客户的交换机出现问题，设备必然宕机，然后就是讨论问题的根源，研究怎样去采购备件，这种解决方案无疑是拖延，耽误了客户的宝贵时间，造成了十分糟糕的使用体验。

华为发现这种情况后，则采用了完全不同的解决方案，其核心是抓住一切可能机会，只要出了问题马上赶到现场和客户一起讨论问题，尽快地敲定解决方案，因为客户的感知事关华为的品牌形象，只有优先恢复设备的正常运行才是以客户为中心。

很多企业只是把"客户是上帝"这句话挂在嘴边上，真到行动时就露了馅儿。华为则是落到了实际行动上，对客户承诺要快速服务和及时服务，那就用实际行动来证明，逐渐地在客户运维和建设部门形成良好的企业服务形象，从而赢得客户的理解、尊重和信任。华为正是依靠这种用心服务的方式，让客户感动。同时，华为还认真分析客户的需求层次，尽可能地满足不同客户高层次的内心需求和解决问题的现实需求，让客户得到最佳的感知体验。

举个例子，菜市场上的小贩，有人是以客户为中心，有人则是以自我为中心。比如当有客人过来买肉，以自我为中心的小贩只会一个劲儿地吹嘘自己的肉有多么新鲜并极力推荐客人买最贵的肉，结果把客人活活吓跑了。相反，以客户为中心的小贩，就会先问问客人买肉是要做什么菜，需要的是五花三层还是里脊精排，这样就抓住了客户的内心诉求，更容易做成生意。

任何一家企业在推销产品时，都不能犯"以效益为中心或者以管理为中心"的错误，要先在客户面前做好产品的相关介绍，让客户明白产品的优势和性价比，要了解客户购买产品的主要诉求以及使用场景，这样才能让客户充分感知到产品的价值。

华为虽然重视产品的技术含量，但华为始终将客户作为中心，技术只是为了服务客户而已，所以华为不会做盲目的创新给客户带来反人类的体验。当然，作为一个依靠技术起家的企业，将以技术为中心向以客户为中心进行转化需要一个过程，而这个过程需要经过业务变革和管理变革。有的企业不愿意经历这个阵痛的过程，结果遗留了很多历史问题，不利于企业的长期经营和发展。

一个现代化企业需要将客户的需求当成是企业发展的根本驱动力，要从市场、产品、销售和研发等多方面去满足客户的不同需求并着手为客户解决问题，这样才能带给客户良好的使用体验。那么，如何认识并转化客户的需求呢？这需要企业对客户的需求进行准确定位。

客户的需求通常是一个变量，既有显性需求也有隐性需求，对某一个客户的需要最终要按照项目、工作内容、进度和完成时间等因素明确。华为是通过和客户的频繁沟通和分析，站在行业角度、市场角度和竞争对手等角度，不断了解客户的需求，如果没有经历这个分析过程，华为的产品很可能就会脱离客户，或者脱离市场，将客户白白送给竞争对手。

现在有些企业不了解客户需求的重要意义，技术人员只是简单地从技术角度出发去解释产品，而不能从客户体验的角度去发现产品的缺点，这样就犯了以技术为中心的错误。华为很清楚，企业做的并不单纯是产品而是商品，是一种能够交易并产生价值的商品。

客户是有血有肉的人，他们有着丰富的内心世界，所以他们的需求也是存在层级化的，针对不同的客户要从不同的角度切入，才能真正满足他们的需求。华为每拓展一个客户群体，就要先搞清这个群体的现状，从而分析出他们的内心需求。一个企业必须在战略上成功匹配客户的需求战略，否则迟早会被市场无情淘汰。因此，华为给自己提出一个高要求：要成为核心供应商，不能成为边缘供应商，决定这种差别的根本就是能否满足客户不同的层级需求。

客户的需求分为最高层次和最低层次两种不同的需求，最高层次是满足客户组织成功的需求，最低需求是满足产品的功能需求。华为针对不同层次的客户需求，在客户管理上划分出了不同的层级组织，方便进行客户管理。

客户的需求是企业持续发展的动力和基础，对于任何一家企业来说，生存是最低目标，而客户服务就是实现这个目标的基础。站在客户的角度看，需求是第一位的，服务则是第二位的，为了同时满足这两个要求，华为才确立了以客户为中心的企业文化和服务，并制定了严格的业务流程。归根结底，华为把客户看成是企业之魂，而流程是质量之本，只有不断洞察并分析客户的期望，才能真正提升企业的产品质量。

当华为发展成为一个国际化的大企业之后，为了避免流程上的僵硬和死板，华为不断优化产品服务流程。2003年，华为拉丁美洲区的管理者在厄瓜多尔开了三天会，专门学习并讨论"品质大师"菲利浦·克劳士比的"零缺陷管理"理论，目的就是让大家了解工作质量的重要性。

"零缺陷"理论的核心是：第一次就要把事情做对，也就是说要一次做到符合要求，如果没有"要求"作为参照，就不会有一次符合"要求"的可能了。这个理论的工作哲学就是以预防为主，坚持"第一次就把事情做对"的态度，让质量不仅成为企业的生产标准，更是一种生活方式。

"零缺陷"从本质上看，是对客户的最大负责，也是华为优化工作流程的关键，只有努力地将工作流程做好，才能整合、精炼并提升华为的组织和资源，才能更好地服务于客户。华为的一个理念就是成为客户的伙伴，帮助客户成长并帮助他们减少成本，辅助客户去创造社会价值。在这种互惠互利的和谐共赢关系中，才能保证客户多元化需求的活性得以保存。

不同的客户需求源于不同的根源，而这种差异造成了结果的差异。华为为满足客户实际利益而成就客户的同时，与客户一并发展，建立了正确的需求发展观。反之，如果华为像菜市场上不会卖肉的小贩那样，以成就自我为目标，顶多在一时取得成功，绝不会取得长远的成功。

客户需求的本质究竟是什么？华为对此有一个深刻的认识：全业务端对端地去看客户的需求，以客户需求为中心去构建经营客户的能力，构建华为自身的生产能力。简单地说，就是当企业的所有部门都以客户需求为中心时，就能很容易地生产出方便、易用、有价值的产品和服务，就能提升企业的品牌信誉，形成最有深远意义的客户服务战略。

客户翻脸,企业饿死

中国人的生意经是,只要打开门做买卖就要笑脸相迎,尽量不得罪人,赚回头客的钱。如果客户翻脸了,牌子就倒了,生意自然就不好做了。但是怎么维系和客户之间的关系。有的企业只会一味地哄着甚至骗着,其实这无非是自轻自贱的下等生存模式。如果想要和客户建立良好的、可持续发展的关系,那就要重视客户价值。

客户价值是用什么来衡量的呢?这就需要企业作出科学合理的定位,其中包括价值识别、价值选择和价值提供。第一要识别出影响客户价值判断的一切因素,第二要锁定客户最看重的利益和竞争对手的价值定位,第三要依照选定的价值重新配置内外资源。只有按照先后顺序完成这三个步骤,才能为客户提供感知价值并最终实现正确的价值定位。

2015年,北京稻香村的中秋月饼刚刚上市,忽然发现有一批月饼馅中掺杂了小石子,而这批月饼生产时经过了金属检测仪检测,显然检测仪根本无法检测出小石子,最糟糕的是,这批月饼中的一部分已经发到了销售终端,如果召回重新生产的话,要消耗大量时间成本和财务成本。如果换作是其他企业,可能会抱着一丝侥幸心理不去计较,然而作为一家百年老店的稻香村却没有这样做,而是果断地全面收回并重新生产。于是,稻香村的全部团队包括销售经理在内,都去仓库和店面检查并全部回收了这批月饼。月饼退回之后，一块一块地经过 X 光机检测，结果发现在回收的十六万块月饼中，只有两块有问题！换句话说，这批月饼的问题概率是八万分之一。为了这么一个极小的概率，稻香村连人工带包装一共损失了 32 万元，然而这就是稻香村的经营底线——有问题的产品不能出厂！

从这个案例中可以看出，企业为了维系客户价值有时虽然会付出很高昂的代价，但换来的却是高价值的企业品牌形象。

在华为发展的早期，大客户是主要客户，如何寻找大客户的价值，如何在大客户需求盲点和竞争者弱点之间打开一条通道，是华为迫切需要解决的问题。

华为在早期拓展国际市场时，一度感到力不从心，因为在技术和资金以及品牌等方面都落后于国际知名企业，当时，华为将上海贝尔视为主要竞争对手，但是因为无法直接在程控交换机市场战胜对方，于是华为采取了"农村包围城市"的策略。这是一种避实就虚的对策，华为将竞争的重心放在东北、西北以及西南等经济相对落后的省市，在这些市场上，华为凭借来自通信电源销售的丰厚盈利对自家生产的 C&C08 机进行销售补贴，准备打一场价格战，同时限制上海贝尔进入农话市场。

1999 年，华为大举挺进四川，而当时上海贝尔在四川的市场占有了 90% 的份额。为了赶走竞争对手，华为主动把自己的接入网免费给客户使用，很快在四川各本地网都布上了点。没过多久，华为再度将接入网的新增点抢到了手里，紧接着将点连成了一面。后来，网络上运行的华为设备数量实现快速增长之后，华为瞄准时机，将接入网的优势延伸到了交换机领域，终于将华为的交换机变成和上海贝尔交换机并存的第二种制式。

客户价值的核心就是让客户离不开企业，要达到这个目的就要想客户之所想，急客户之所急。华为能够从最终用户的烦恼中发现价值创新的机会，这是其获得成功的又一个主要因素。华为曾经规定，每年必须有 5% 的研发人员去做市场，同时将一定比例的市场人员调去做研发。这样做的目的就是增强各个岗位对市场和研发的敏感度，实现一种思维上的流动和交互，而这种调研工作会在前期投入很大的成本，但对华为而言这是必需的投资。

正是本着维系客户价值的策略，让华为至今受益无穷。外界经常认为华为的胜利是依托于技术，其实恰恰相反，华为能够得到市场和客户的认可很大程度上和解决了客户面临的烦恼有关。以此为前提，华为加重了在技术研发上的力量。

在华为有一个观点就是："现在，价格已不是最有利的竞争手段，因为跨国公司的报价也很低。往往就是一两个功能的差别决定了客户选择谁。"正是这种认识，让华为尤其重视满足客户的内心需求。

1997年，天津电信经过调查发现，学生在学校里打电话很不方便，任正非得知这个消息后作出指示："这是个金点子，立刻响应。"经过两个月的研发，华为推出了201校园卡，进入市场后受到了大力欢迎，于是华为将之推向全国。当其他同行发现这个商机之后，华为已经在这个市场上做了一年了。

企业的视野和格局，往往决定了企业能够做多大和走多远。华为一向有着敏锐的市场预见能力，能够快速响应客户需求，而且通常都比竞争对手快上一拍。

1999年，华为成为第一个和中国移动共同做神州行预付费业务的企业，华为的一期工程在国内铺了25个省市的点，全部由华为自己承建。整整两年间，华为没有赚到一分钱，完全是"义务劳动"，这和稻香村赔了32万的例子足有一拼。既而在业务推广开来以后，中国移动尝到了甜头，在第二期招标时一次性付给华为8.2亿元，成为华为企业发展史上最大的一笔合同，超过了其他产品的利润率。后来其他同行发现这个商机后，能够拿下的价值只有华为的五分之一了。

在市场竞争中要全盘考虑企业和客户以及竞争者三方面的利益平衡关系，华为在对客户价值的选择上正是从这一点出发的。华为通过竞争差异为自己创造了在早期缺乏品牌影响力之下的优势。

一方面，华为会通过个性化情感对产品进行营销，通过打动消费者、满足消费者的潜在需求来提升他们对华为的好感度。在行业内，华为一直有着"二流产品卖出一流市场"的说法，这是华为在90年代的一种竞争策略，当时华为一无技术二无品牌，面对跨国企业的咄咄逼人，华为没有乱了阵脚，决定以己之长克敌之短，采用了"人海战术"，大量招聘大学毕业生并进行魔鬼训练然后投入市场。然而因为当时很多客户对高科技产品没有信任感，所以在一些小的县级城市，华为也会派遣二三十名服务人员，只要客户一声令下就上门服务，这种优良传统一直延续到今天，虽然开支浩大，却成为华为赢得客户信赖的重要基础。2003年阿尔及利亚发生地震时，西门子的业务人员马上撤离，而华为却坚守岗位，自然赢得了商机。因此，这种带有强烈的情感因素的营销方式，能够强化华为和客户之间的合作关系，树立差异化的竞争优势。

另一方面，华为也不放弃价格战术，凭借建立性价比优势和竞争对手比拼，特别是在挺进国际市场之后，由于一些发达国家人力使用成本较高，华为就以相对低廉的价格去攻克当地市场。虽然价格战听起来缺乏技术含量，然而在客户看来，高性价比的产品能够体现出企业的诚意，也最能够打动客户，尤其是对一些经济欠发达的国家或者是客户不想花费太高购买成本时，华为的价格攻势往往能取得意想不到的效果。

除此之外，华为在面对大客户时，只要瞄准了目标，就会马上去完成市场和技术的对接，争取在最短的时间内让客户使用到华为的优秀产品并获得良好的使用体验。

首先，华为会通过应用创新满足大客户需求的价值。虽然华为资金和资源都十分有限，但华为懂得如何利用有限的资金和资源去赢得市场。华为认为，华为不是科学院也不是工程院，技术发展不能总纠结于科学研究和技术发明，应当依靠多种渠道获得最先进的技术成功，通过对这些技术的应用创新体现产品的价值。

其次，华为以市场创新去指导技术和产品创新。华为依靠建立运作有效的市场营销体系和信息反馈体系去获得产品创意的灵感，让技术和产品在开发时就能意识到市场的竞争压力，这样才能做出精品。毕竟，技术发展水平会直接影响到产品开发的水平，而产品发展水平会影响市场创新和产品创新，华为清晰地认识到了它们之间的关系，经过合理的协调为自己赢得了竞争优势。难怪外界会说：华为的产品不一定性能最优，但一定最适用；技术不一定最先进、最前沿，但一定可以满足客户的迫切需要。其实，这是华为抓住了抢占市场的重点——为客户提供价值满足感。

最后，将客户感知的价值不断加大增强。在华为看来，大客户的感知价值是企业能否立足于市场的重要因素，所以必须将这种感知价值提高。华为深知在技术和产品等方面无法和国际巨头竞争，所以就从产品价值和服务价值入手，不断增强华为的品牌价值，进而提升大客户的总收益并帮助他们降低成本，这样就赢得了大客户的认可。

在《华为基本法》中有这么一段话："我们的目标是以优异的产品、可靠的质量、优越的终生效能费用比和有效的服务，满足客户日益增长的需要。"这段话真实地反映了华为努力追求客户价值最大化的战略视角，正是因为确立了这样的视角，才帮助华为在客户面前树立了优质的品牌形象和行业口碑。

假如你是产品经理

一个寺院里住着一个老和尚和一个小和尚，有一天小和尚问老和尚：我该成为怎样的人？老和尚没有回答他，而是让他将佛龛上的一块石头拿过来。这块石头上面有一块类似玉一样的圆晕，圆晕里面有一个天然的"寿"字。老和尚告诉小和尚，拿着这块石头去菜市场看看有谁愿意出钱买，但是只能问价钱不能真的卖。于是，小和尚来到菜市场卖石头，结果出价最多的只有十几块钱。小和尚回来后将这个情况告诉了老和尚，老和尚让他到卖金子的地方去。小和尚去了以后，那些卖金子的人觉得这块石头很奇特，最高出价到了几百元。小和尚回来又告诉老和尚，老和尚又让他去卖宝石的地方，并且说这块石头名叫"月寿石"。小和尚去了以后，卖宝石的人竟然最高出价到了几万块钱。小和尚吓得跑回了寺院，问老和尚这些人为什么都疯了似的要买这块石头，老和尚问他：这几天你发现有什么相同和不同之处吗？小和尚想了想回答：去的地方不同，拿着的石头相同。这时老和尚笑着说：现在你知道该成为怎样的人了吧？

这个故事看似是一个有关哲学性的命题，其实是一个蕴藏着深厚营销学问的案例。作为一个产品经理，产品是否有价值取决于目标用户群，更准确地说，做产品的时候是否瞄准了某个用户群体或者用户群体的某种需求，也就是说只有精准定位一个群体以及这个群体的一种需求，产品才有价值。

20世纪末，华为从国外借鉴了研发项目的管理模式，当时华为的销售额已经达到几十亿，然而华为并没有因此满足，为了获得更好的发展，任正非从国外取回经验，让中国人民大学的教授做出了大名鼎鼎的《华为基本法》，对公司的文化理念进行了系统的阐述。但是《华为基本法》毕竟是一部企业的"宪法"，很多细节是无法解释的，比如产品开发中遇到的质量和成本问题等，这就涉及了产品经理的职责范畴。

1998年，任正非去了一次美国，为华为找到了一条新的方法论。第二年，华为正式引入了IPD(集成产品开发)咨询，让华为可以在咨询顾问的帮助下对产品和流程进行整顿，加强了项目管理体系的架构。通过这种合作，华为在产品研发管理方面和欧美发达国家并驾齐驱，优化了产品开发的全过程，让华为的每一类别的产品都能像"月寿石"那样焕发出光彩。

华为倡导的是流程化的企业管理模式，因此所有的业务活动都必须有明确的结构化流程来指导，比如产品的规划和开发以及供应链等业务活动。产品研发是企业司空见惯的项目方式，为了将产品研发活动搞好，华为建立了结构化的产品开发流程。此外，华为还加强了对产品经理专业素质的提升工作，让他们充分了解自己负责的产品线，了解产品的功能，了解消费者的使用感受。比如，华为设计了产品开发流程袖珍卡——一个产品开发概略图，通过它能给产品经理一个初步的印象。袖珍卡造型小巧，可以放在口袋里随时学习。有了这个精妙的发明之后，产品经理就能很容易地发现产品开发时遇到的一些问题，不断完善产品的功能和适用性，从而提升用户的感知度。

现在很多企业对产品开发没有实施端到端的管理，结果弄出了很多乱子，比如有一个医药企业，产品开发完了，当要去销售时才发现还没有完成注册，只好放下手头一切工作去跑工商局，白白浪费了时间，这是因为缺乏端到端的管理项目闹出的笑话。当华为的"端到端"经由IBM顾问引进公司之后，成了人人经常提及的专业术语，不断提示华为做产品开发项目要从市场中来，要依靠项目活动满足市场需求，这样才能让产品经理准确给用户和市场号脉，对症下药。

产品开发不单纯是技术工作，还是需要其他系统相互配合才能完成的工作。华为深知这一点,所以要求市场人员也要参与进来,提供产品需求定义和制定产品宣传方案等援助,另外销售人员也要加入,提供销售预测和销售渠道支持等因素,还有像注册部门、制造部门等系统也都要各司其职,这样才能在真正意义上完成产品开发的庞大任务。

在华为,人人都是产品经理,人人都要对产品负责并作出贡献。拥有了这样的产品开发模式,何愁客户不自动送上门来?现在有些企业之所以开发不出让消费者满意的产品,主要是因为"脱离了群众",只是找几个所谓技术骨干闭门造车,前期投入不少,后期付出也很多,然而根本没有满足消费者的真正使用需求,这样的产品如何能被市场所认可?

华为不仅督促自身进行改革,也会虚心听取咨询顾问的意见,特别是在产品组合管理团队、集成技术管理团队等企业业务结构的改革上都迈出了关键的一步。将产品和技术作为互有联系、协同作战的管理团队,这是现代企业管理的一项重大突破。

从表面上看,这种横跨产品和技术的团队组合有些混乱,然而越是"混成旅",其作战能力就越是强大。在此之前,华为采用的是职能式的产品开发模式,这是一种国内企业都常用的"土办法",没有明确的产品开发项目经理,顶多就是委派一个协调人忙活几天,这就导致项目成员无法进行高效率的沟通,即使是一个简单的产品开发,也要经历很长的周期,有时候要远远落后于竞争对手,这就好比一百个寺院都拿出了月寿石,你的石头还能卖上好价钱吗?因此,当华为意识到这种开发模式的弊端之后就果断地加以更换。

仅仅建立一支有效的工作团队还是不够的,产品能否打动消费者并快速占领市场,在于前期的研发工作是否能真正地做到位。在这个问题上,华为超出了国内很多企业,很舍得在产品研发上砸钱,而且其研发费用大部分都投入到了工程化开发中,同时还兼顾应用研究。华为将研发体系的项目重点划分成产品预研、技术预研等几大类别。

产品预研,是指在市场前景还不够明朗的或者技术存在难点的前提下,如果该产品和公司的战略相符并有可能变成新的市场增长点,就对该产品进行立项研究,努力探索并解决该产品实现的可行性;技术预研,则是指在这个产品应用前景还不够清晰的前提下，如果某些技术能够为公司的产品增强竞争力，就针对这些技术进行立项研究。

形象地解释，产品预研就是老和尚让小和尚去调查有多少个石头交易市场，从而判断月寿石的销量，而技术预研就是提高月寿石的成色和质量，尽量满足买家的要求。

除了进行产品预研和技术预研之外，华为还凭借过程审计，保证产品研发的顺利性。在华为有专门的组织和人员负责流程建设和优化并建立了相关流程，比如产品规划流程、产品开发流程以及需求管理流程等，不同的流程都由不同的业务团队负责，也就是说组成了不同体系的"产品经理群"。为确保流程体系得到贯彻执行，华为由PQA（产品质量保证）负责过程审计工作，当一个产品开发项目正式启动之后，华为的质量部门会为项目指定一个PQA——定位于项目中的流程专家。这些专家的工作职责是：项目的过程引导者和过程组织者以及组织技术评审等工作。

在华为，研发管理是东方的文化和西方的科学管理理念交融并汇的产物，任正非提倡"三权分立"，其本意就是指管理优化部门负责流程的制定，要让研发部门在执行流程时接受PQA的审计，从而保障流程被执行和贯彻。

华为在产品开发环节上可谓煞费苦心，目的就是让所有员工都养成产品经理的意识，只要人人都能将自己的创意、责任感和预见性融入产品管理的每一个环节，就能最大化地提高华为产品的质量。如果产品既过硬又销售对路，那么买家自然就源源不断。

论星级服务和价值链的关系

在不少喜剧作品和网络段子里，人们炫富最常说的一句话就是"我在七星级酒店住过"。毫无疑问，现代人已经将"星级"理解为一个高大上的概念，能够享受星级服务的人，自然是社会的"上等人"。一个企业最引以为傲的就是为客户提供"星级服务"，前提是这个企业能够在本地甚至全球建立起一条完整的价值链条，这样才能撑起服务的内在价值和衍生价值。

如果将星级服务和价值链结合在一起，就构成了一条"星级服务价值链"，我们可以把它理解为：企业通过基本服务活动和辅助服务活动创造价值的动态过程，它是一条具有循环特征的闭合链条。

打个比方，你入住了一家五星级的酒店之后，享受的不仅仅是这个酒店的房间、餐饮以及服务设施等内在的价值，还有这个酒店和当地旅游业、餐饮业、文化产业等多个系统相联结而产生的衍生价值。如果是一家全球性的星级酒店，那可能会享受到更多的服务，这就是星级服务和价值链最直接的利益关系。

华为曾经在青岛举办的亚太经合组织工商界主题论坛上作过这样的发言：在当今的商业环境下，资本、物资、人才和知识方便地全球流动，信息技术高度发达，使得"全球化公司"和"本地化公司"这两个过去常被分离的概念变得越来越统一。

显而易见，华为是想通过将本地化和全球化思路相结合的方式，来完成自己的商业布局和商业实践，这样才能有利于整合世界上的最优秀资源，从而打造一条纵贯全球的价值链。在华为看来，任何一个全球化的企业都必须关注不同市场的本地化需求，还要提供对等的产业化产品和服务，这样才能将国际化的成功经验成功扩展到本地市场。

随着全球经济一体化的程度加深，信息技术、互联网应用日益发达，本地化的文化产品和服务可能会在更短的时间被复制到全世界，这样就能帮助本地化的企业具备在世界市场抢占优势的可能。

很多国内企业标榜的星级服务、顶级服务，从一定程度上能够反映出本土化程度的高低。试想，一个都不能和西方文明有机融合的东方企业，又如何能服务好本地的客户呢？一个企业能够提供星级服务的核心，必然是要具备经得起客户检验的价值链系统。

华为对全球化有着自己的理解：全球化不仅意味着运营和投资的全球化，更需要搭载一种全新的商业理念，这种理念能够将世界市场连成一个统一的整体，如同在单一市场构建世界价值链一样，通过整合全世界的优秀资源去充实这个价值链，让价值链上的每一个环节都能创造出价值并在世界范围内实现共同分享。比如，当你入住了Ａ国的一家星级酒店之后，临时改变路线又要去Ｂ国，那么Ｂ国的同品牌星级酒店就可以事先为你预订好房间并提供一切接待服务，如果你有需要在Ｂ国的豪华餐厅预订，也可以通过Ｂ国的星级酒店来完成，这就是一条龙式的服务，能够最大程度地减少中间环节，提高服务感知度。

以服务客户为中心的华为，现在正努力在全世界搭建研究所、联合创新中心和能力中心。目前华为已经拥有了上百个合作伙伴，将它的全球价值链打造成了一个世界性的创新平台，所有的客户都能够通过这个平台，在最短的时间内分享来自不同地区的创新成果。

能够让客户在第一时间内享受到最优秀的科技成果，这才是星级服务，这也是符合全球化趋势的现代客户体验。正因为如此，华为越来越重视本地化的进程，因为本地化不仅包含着本地雇用、本地纳税等内容，还需要和本地的优秀企业进行分工合作，将他们的创新能力融入华为的全球价值链中，通过价值链将最新的科技成果的价值提升到最大，从而造福全世界范围内的华为客户群。打个比方，你购买了华为的一台交换机，里面融入的技术元素可能来自中国本土，也可能来自欧洲，甚至是多个国家的技术人才共同献计献策的成果，那么你所享受的也就是全世界的技术精英们为你提供的服务，这种感觉难道不够"星级"标准吗？

现在华为不仅在全世界的不同国家寻找优秀的企业合作，还在全球高度整合了来自全球合作伙伴的能力，华为在全球业务发展的同时也促进了合作伙伴的发展，这样双赢的局面会让华为的众多客户获得越来越多的实惠。这就像你办理了某个星级酒店的全球会员卡，走到哪里就会将这种优惠带到哪里，因此打破了地域的限制，也才能真正享受宾至如归的快感。

有个很有意思的现象：当很多外国友人被问起知道哪些中国企业时，他们第一个提到的往往就是华为，因为华为是成功走出国门的民营企业，和国内其他企业相比知名度更高。当然，这种知名度不仅源于华为的技术和营销，更是因为华为服务的是全球的客户，带给不同肤色和文化背景的用户群体以高质量的使用体验，从而获得了来自全球的掌声与喝彩，正是经过了这么多客户的口碑传送，才让华为誉满全球。

粗略统计，华为现在在全球170多个国家和地区都已设立了分支机构，部署了全球1500多张电信网络，服务全球的人口超过了30亿。这一组庞大的数据足以证明：想要提供星级服务，就要通过强大的价值链条将企业和客户的利益紧紧地捆绑在一起，这样才能形成客户黏着度，才能树立企业品牌形象。

华为将星级服务和价值链整合在一起，主要得益于两个因素：第一个是打造星级的技术，第二个就是进行星级的本地运营。没有高科技含量的产品，就谈不上高水准的用户体验。华为如此重视产品和服务的科技性能，就是力求提供给用户最有质感的体验。而且，本地化运营，本质是一种"当地人服务当地人"的策略，其体验效果自然会超出本地之外的企业和技术，这就是一种成功讨好客户的新策略，也是促使服务价值链形成闭环的关键。另外，华为通过在各个国家和地区的本地化运营，又提高了当地的就业率和税收，反哺了地方经济，其社会价值远远超过经济价值，也比那些臭名昭著的"血汗工厂"更具有文明性和进步性。

归根结底，客户服务是一种植根于人类共情心理和社会文明的、企业与客户之间的交互行为，华为通过和当地优秀企业合作，对产业分工进行了更合理的优化和再分配，将华为全球价值链优势和本地的创新能力有机结合在一起，促进本地发挥出更大的全球优势。另外，华为在服务全球客户的同时，也注意遵守当地的法律法规，以合法运营去打动当地的消费群体，并重视和地方政府以及媒体的沟通和交流，让越来越多的人了解到华为是一个什么样的企业，了解到华为提供的优质服务对当地经济和生活的积极促进意义。

当一个国际化的企业被认可为"稳重的经营者"之后，就会持续创造新的能量，为企业自身获得更多的社会支持和更好的商业机会。华为坚持以客户为中心的企业文化内核，促进了它在全球扩张的同时也高效地带动了近万亿规模的产业链和价值链，至少增加了200万的就业岗位。这种对优质资源的高效整合和利用，让华为的企业价值链条从国内成功地延伸到了世界的大部分地区，让更多的客户分享了这一成果，所带来的自然是最贴近人心的使用体验。

别那么势利眼

相传，日本的一休禅师有一次去州官家赴宴，穿了一身破旧的衣服，结果来到州官家时被门卫挡在外面，一休很无奈，只好回家换了一身体面的新衣服，门卫直接将他放了进去。宴会开始后，大家都用筷子去夹菜，只有一休端起了碟子往衣服的袖管里倒菜。州官看了之后很纳闷，就问一休为什么这么做，一休回答："你不是请我吃饭，而是请衣服吃饭。"州官听了之后顿时羞红了脸。

以貌取人、势利眼、看人下菜碟……这些观念似乎古来有之。从理论上讲，这些做法并非绝对不可取，因为它是一种短时间内"筛选"目标的快速方法，毕竟像一休这样洒脱的禅师只是少数，现实中穿得破破烂烂的叫花子大有人在。但是，这种快速判断对方身份的方法只适合"一次性交往"，即便错了，也是错一回，没什么大碍。但是一个想要树立百年口碑的大企业，如果势利眼一次，就有可能损失的是几百万的订单甚至是企业形象的崩塌。

所以，能够理性看待客户价值的企业才是有希望的企业，它直接反映了企业的客户管理能力。华为在客户管理方面有着值得其他企业借鉴的客户理念，特别是在客户关系管理上有着超前的意识，而这种超前意识体现在能够正确看待客户为企业带来的价值。不过，在阐述这个问题之前应先解释一下客户关系管理。

客户关系管理是企业凭借管理客户信息资源，提供客户满意的产品和服务，从而与客户长期建立稳定关系的动态过程。毫无疑问，客户是企业所有活动的起点和终点。只有实施有效的客户关系管理，才能真正建立起企业和客户之间的信任关系，从而帮助企业维系老客户并吸引新客户，建立更加突出、更具有差异化的竞争优势。在互联网营销的模式下，企业采用先进的客户关系管理模式能够帮助其快速走向成功。

华为曾经提出：华为的追求是实现客户的梦想。现在很多华为人已经将这个要求当成了一种行动准则。在任正非看来，为客户服务是华为存在的唯一理由。华为要想赢取利润，就必须从客户手中获得信任，因此对客户应当一视同仁。华为的生存也是依托于客户需求的满意指数，满意度高了，华为就有更大的生存空间；满意度低了，华为就要亏本甚至倒闭。

如今企业竞争已经不是单个企业之间的竞争，而是供应链和供应链之间的竞争。什么是企业的供应链？本质上就是一条生态链，客户、友商和供应商以及制造商都在这个链条上，只有加强合作，持续关注客户的利益，建立多赢的关系才能让企业走得更远。要将华为正确摆放在这个利益链条上的某个位置，这样才能真正了解客户的需求。

华为经常强调对客户要一碗水端平，其实是要发现客户的深层次需求，有的客户不愿意多花钱，并非是客户没有钱，而是因为华为不能提供其想要的东西，或者客户购买的产品和服务不让他满意。所以，单纯用花多花少来判断一个客户的潜在价值，是一种短视的行为，而是要不断聚焦客户的关注点，挖掘他们的深层次需要，并通过提供有竞争力的产品和服务去打动他们。

在很多运营商的客户管理系统中，通常最关注的只是那些大客户的信息，搜集的也是有关大客户的数据，很少有对普通客户开展系统管理的。的确，普通客户对企业的利润贡献自然没有大客户那么突出，但这并非意味着普通客户没有管理的价值。要知道，普通不是通过质来取胜，而是通过量来创造奇迹。普通客户的数量可能是大客户的 N 倍，如果能够有效搜集并分析这些普通客户的数据，制定正确的产品策略，普通客户往往潜藏着更大的利润爆发力。

华为正是看到了这一点，所以任正非多次告诫员工要重视和普通客户的关系，这是华为能够建立竞争优势的一个重要基础。"普通客户原则"是华为推行的"客户关系至上"原则的核心体现，对华为而言，建立普通的客户关系，需要所有部门共建而完成。华为确立这个原则也是为了提醒每一个员工：客户不分大小，职务也没有高低，只要和产品有关的目标都需要拿下来。

任正非认为，任何一个哪怕是很不起眼的细节或角色，都可能决定华为一个项目的生死。正是有了这样的思想作指导，华为在处理客户关系时绝对不会搞势利眼，对那些订单量小的客户不会有不屑一顾的态度，也不会只重复地接触个别高层管理者；华为重视利益链条上的每一个组成部分，一线人员对待基层、中层和高层的客户都本着一视同仁的态度。

华为能够取得今天的成就，完全是靠一点一点的努力拼凑出了一个庞大的市场份额，并非是一口吃成的胖子。所以华为从来不会放弃任何一个小客户。比如，极少接受媒体采访的任正非曾经亲自接见过一个小客户；再比如，华为在俄罗斯拿下的第一个订单竟然只有区区12美元！正是这种不放弃的精神，让华为逐渐积累了众多的客户资源，最终让俄罗斯成为华为在海外的最大市场。很多华为的销售人员，在推销产品时，都是走自下而上的路线，层层贴近客户，和每一个有参与权或者决定权的客户搞好关系。

从大客户跨越到普通客户，这足以证明华为在客户关系管理上做得十分成功。有了这样不偏不倚的客户管理原则，华为的客户关系营销十分成功，致使其他企业想要从华为手中抢走客户资源都是非常困难的。

曾经有一些人妄加猜测华为有着如何如何的深厚背景，其实这些都是谣传，华为完全是依靠自己，依靠着稳定牢固的客户关系，才让自身的业务不断拓展并不断稳固。华为正是首先巩固了自己的阵地，才有机会攻破敌人的堡垒。

2000年，邮政和电信分家时，电信设备采购权发生了变化，然而华为没有"看人下菜碟"，继续和当地县局保持良好的关系，时常和他们沟通用以获得信息。在华为看来，只有认认真真地做好每一个环节，才有可能赢得最大的市场。后来的事实也证明，正是这些各级县局给市局提供了有利于华为的建议，才让华为赢得了大批的订单。相反，那种短视的企业，可能一旦失去了合作机会就会将老客户抛在脑后，去寻找"有价值"的新客户。

对客户不搞势利眼只是一个前提，只有推行良好的服务，才能真正维护好与客户的关系，而客户服务的一个重要目的就是提高客户的满意度。华为依靠营销和服务的流程优化管理，不断改善客户体验，有效地降低了客户流失率。根据相关数据统计，获得一个新客户的成本是保留现有客户成本的7倍之多，这就需要企业要真正理解客户的需求，要尊重客户，这样才能增强客户的忠诚度和生命周期价值，同时依靠营销沟通手段优化和客户的关系。

华为在市场营销活动中，特别关注在各产品线、各地区部建立市场营销组织，这样做的目的就是近距离接触客户，倾听每一个客户的需求，无论是大客户还是普通客户，都将他们的诉求收集起来，确保这些信息能够反映到华为的产品开发中。只有贴近客户需求的企业才是推动企业流程优化和组织改进的战斗团队。

华为的一个工作原则就是，设备用在什么地方，就将服务机构迁移到什么地方，这样就是为了照顾更多的老客户并准备着随时作出快速反应，及时将这些意见传送给产品开发一线的人员。有了这些宝贵的信息反馈，华为就能制定对产品和服务改进的最佳方案，使无论是大客户还是普通客户，都会享受到华为的一流服务，同时大大增强华为的市场占有能力。

左脑探需求，右脑玩包装

现代企业的营销理念都是以客户为基本出发点，而客户关系管理则是一种实施手段，虽然很多企业都明白这个道理，但并非每个企业都掌握了这种方法。

联邦快递是全球服务和信誉都非常不错的快递公司之一，在联邦快递公司曾经发生过这样一件事。一天下午三点半，客户服务中心的经理黛安接到了一位女客户的电话，女客户哭着对她说："我不知道你们联邦快递怎么搞的，我的婚纱本该在今天中午就送到的，可到现在还没有送到。明天我就要结婚了，这可是我的终身大事，如果婚纱到不了，那该怎么办呢？"经过黛安询问，才知道这位女客户身在一个偏远的小镇，她马上利用公司的跟踪系统追查婚纱的下落，结果发现婚纱在一个距离小镇300公里的大城市，用一般的交通工具根本没法将包裹送到客户手中。时间紧迫，黛安当机立断，租用了一架飞机和一名飞行员去运送婚纱，结果当天就送到了客户的手中。

作为一家快递公司，最核心的品牌价值是什么？当然是快！如果不能及时将物品送到客户手中，那客户凭什么要用你的快递服务？在这个案例中，联邦快递从表面上看是得不偿失——租飞机和飞行员的价格远超过婚纱的运费，却保住了联邦快递的品牌，也满足了客户想要在婚礼上穿上婚纱的核心诉求，这就是对客户关系管理的最大成功——既满足了客户需求又包装了该企业的品牌形象。

客户关系管理是一门比较深奥的学问，它并非是让企业无条件地顺从客户，而是在二者的关系中找到一个最佳的平衡点，让客户满意的同时让自己获利。在华为看来，既要探明客户的真实需求，同时也要对自己的产品进行包装，也就是说要学会诱导客户进行消费，从零需求或者软性需求转变为刚性需求，这才是一个企业最得章法的销售之道。

要想达到这两个目标，首先要做到两点：一个是瞄准客户，另一个是采取行动。瞄准客户就是知道华为的客户在哪儿，主要隶属于什么样的人群，这个人群的特点是什么，只有充分掌握了这些信息，才能做到知己知彼；采取行动，就是在和客户交往的过程中，体现出对客户的足够尊重和重视，只有完成这一步才能让客户对华为产生好感，也就有了愿意了解新产品的欲望。

很多时候，诱导客户进行消费并不很难，关键在于能够表现出一种真诚的态度，是否能对客户推心置腹。在华为看来，只有先站在客户的角度去思考问题，才能做到既保证了客户的利益又能刺激客户进行消费。比如，有的企业客户对交换机有潜在需求，但因为与其他单位建立了合作关系，可以借用或者租用，这时华为就会诱使客户购买一台价格并不昂贵的机器，也可以在推销的过程中帮客户算好一笔账：自己购买比长期租用或者借用更划算，这就是既保障了客户的利益又推销了产品。

对待新客户可以采用诱导的办法，对待老客户则可以通过关心的管理方式来进一步赢得老客户的忠诚度，比如定期或者不定期地开展一些客户回馈活动，让客户感受到华为的诚意，通过活动间接地推销华为的产品和服务，深度挖掘老客户的采购需求和使用需求。相比新客户，老客户对华为的产品可能有更强的接纳性，所以只要体现出足够的诚意，往往能够事半功倍。诱导新客户时，华为会进行准确的客户识别，也就是说要"瞄得准"，瞄错了目标，即使发力再多也达不到预期目标。

客户识别，本质上依靠技术手段，在掌握了海量客户数据信息的基础上总结出不同客户的特征，从而发现哪些群体是企业的潜在客户，哪些群体的潜在需求是什么。根据多年的市场经验，华为对不同的客户群体有不同的针对策略。

普通顾客是终极消费群体，他们的需求都是生活化和个性化的，所以向他们推销的产品和服务应当应着重强调性价比,他们也是企业产品的最终使用者,不过有时候并非是直接购买者,但他们毕竟参与了产品使用,对产品的价值、功能和品质以及服务等方面都有着一定的要求。这就需要企业去了解他们,帮助他们培养一种新的生活方式,在新的生态圈子里,很可能就需要华为通过探知需求和巧妙包装的双重结合来创造某个新产品。当然,普通消费者有时候也会购买产品但不是自己使用,如果是这种情况,他们对产品的关注点会比较侧重于产品的价格和使用价值。作为企业,就要让他们了解产品的内在价值,让他们觉得消费是物有所值,而且一定要从他们的购买力出发,不能盲目推销脱离他们消费能力的产品,这是一种营销层面的"包装策略"。

企业客户是大型消费群体,他们通常是团体产品购买者,主要是用在企业内部生产或者福利方面,所以他们更加关注的是产品的品牌和使用价值等,对待这一类客户不仅可以从个人需求的角度出发,还可以从企业需求的角度出发,可以尝试向他们推荐与企业生存发展有关的产品和服务,让他们加强对富有科技含量的产品的重视程度。

中间客户是渠道消费群体,有点类似于经销商,他们在购买华为的产品之后进行转售,所以并不太在意产品本身,更看重的是产品的价格,和这类客户对接时要以利润率、市场前景、消费群体基数等概念作为交流的基础,让他们看到华为品牌的市场感召力,培植他们作为一条销售渠道。

代理商是合作消费群体,他们关注的是产品的利润空间和品牌知名度以及厂家提供的相关售后服务等,在和他们交流的过程中,要不遗余力地展现出华为的品牌价值和售后支持以及一些优惠政策,特别是对于有实力的代理商,要尽可能地让他们和华为建立长期的合作关系,形成稳定的价值链条和营销体系。

除了横向划分客户群体之外,华为还针对客户进行纵向的深层次剖析,将客户划分为两种类型,一种是潜在客户,另一种是有价值客户。

潜在客户是华为一直在努力寻找能够在未来与华为建立长期合作关系的目标,他们的作用是能够在与华为后期合作的项目上贡献其价值,所以华为会仔细考虑与这一种客户合作关系的财务前景,准确甄别出哪些潜力值较大哪些潜力值较小。对于华为来说有一种是关系型客户，他们比较看重华为的产品质量和服务，有意向和华为建立长期的合作关系，忠诚度很高。还有一种是交易型客户，基本上是一锤子买卖，他们只看重产品价格，没有任何忠诚度。在仔细识别不同的客户群体之后，华为就要采取相应的拉拢策略。

有些价值客户是华为赖以生存的土壤。在华为看来，客户没有大小之分，只有价值高低之分，所以对那些可能给华为带来利润的客户，都要努力争取过来而不能怠慢。在这条原则的贯彻下，华为将很多表面上暂时不能提供价值的客户奉若上宾，这让一些外行人士看不懂，觉得华为有些"自轻自贱"，殊不知，这正是华为多年积累的客户识别手段，能够准确锁定背后潜藏着巨大价值的客户。

无论是探明需求，还是做产品包装，华为都立足于一个点：产品质量。因为无论客户对某个产品的需求度有多高，他们都会在意这个产品的科技含量、工艺含量以及售后质量等因素，这是客户处于观望时期的信息判断，一旦企业在这个环节上对客户敷衍了事，那么很容易就会流失客户，让他们打消购买此类产品的意向，最终让企业自损品牌形象。企业的牌子倒了，就会对未来的市场开拓和客户抓取埋下悲剧的伏笔。

把华为送给加西亚

一天，一个父亲带着三个儿子，拿着猎枪去草原上打兔子。当一切准备停当之后，父亲忽然向三个儿子提了一个问题："你们看到了什么呢？"老大说："我看到了我们手里的猎枪还有在草原上奔跑的兔子以及一望无际的草原。"父亲摇摇头。老二说："我看到了爸爸、大哥、弟弟、猎枪和兔子，还有一望无垠的草原。"父亲又摇摇头。这时老三说："我只看到了兔子。"父亲终于微笑着点了点头。

这个故事说明了一个道理：只有明确目标才能为行动指出正确的方向，才能在前进的道路上少走弯路，而我们说过的"行动"就是执行力。兔子对于父子们来说是目标，而打兔子就是执行力，他们最后能打到多少甚至能不能打到都取决于执行力，而执行力和他们关注的目标有着密切的联系。

19世纪美西战争时期，美军有一封具有战略意义的书信，需要尽快地送到古巴盟军将领加西亚的手中，然而加西亚正在丛林作战，没有人知道他究竟在什么地方，更何况战时瞬息万变，加西亚随时都可能更换地方。然而面对这个极度困难的问题，一位名叫安德鲁·罗文的年轻中尉挺身而出，没有过多询问加西亚的信息，也没有提出任何条件，靠着两条腿步行了三个星期，穿过枪林弹雨，最终完成了这个看似不可能完成的任务，将那封信送到了加西亚的手中。

现在，加西亚已经成为执行力的一种象征和标杆，无数的企业管理者都在传递着罗文的完成任务不作推诿的坚定意志，执行力甚至成为企业和企业之间比拼生存能力的关键。但凡是成功的企业，人们都会去发现它们的执行力优势在何处。

华为是一个执行力很强的企业，而执行力强的前提是能够聚焦目标：知道自己想做什么产品，知道自己面对的客户群体的构成和特点，只有明确了这些目标华为才会展开行动，而不是盲目地投入。对于一个企业来说，目标太多或者目标太过模糊，都可能导致失败，所以必须要让员工心中有目标，脚下才能有前进的路。

有这样一句话："没有执行力就没有竞争力，没有竞争力企业就没有发展力。"可见执行力和企业的生死存亡密切相关。"执行力"这个词在现代企业管理中已经被广泛传播了。

有人说："企业要想成功，30%靠战略，50%靠执行，其余20%受机遇、环境等客观因素的影响。"还有的人说："细节决定成败，执行力与细节并存。"其实，无论是哪一种观点都各有各的道理，但最重要的是将道理付诸实践，用实践去检验方法论，这样才能证明它的价值。

很多企业都是嘴上说重视执行力，其实只是把执行力当成了一个口号，每天开晨会讲一讲，每月开总结会谈一谈，每年开年会再喊一喊，并没有真正落到实处，这种"学习"执行力的过程恰恰证明了缺乏执行力。稍好一点的企业，也是照搬照抄其他企业的成功经验，看似提升了执行效率，到最后却发现根本不适用于自己。事实上，执行力是可以参考但不能照搬的，因为脱离了实际情况的执行力起到的也许只是负面作用。

有一家公司，为了解决一个长期困扰他们的技术障碍，总经理亲自召集工程技术人员坐在一起讨论，寻找解决方案，称"亲自带队"就是要提高执行力，然而由于该问题确实不易解决，会上经历了几次重大分歧，最后总经理为了不耽误时间，综合多方面的意见，从各个部门抽选了一些精英临时组成一个攻关小组，限期拿出解决方案。总经理担心执行效率不够，又加派了几个人手。然而，攻关小组的负责人对困扰公司的问题并不是非常了解，也没有和手下人达成统一意见，最后功亏一篑。

从这个事例中可以看出，执行力并不是强权、强压之下的一种动力，总经理亲自带队只能增加士气并不能帮助真正解决问题，因为他本身并不是技术专家；组成攻关小组也并非真的能提升执行力，因为这个小组没有上下一心，加之负责人也缺乏足够的经验，因此还是遭遇了失败。归根结底，执行力不是盲目地督促手下人"限期破案"，也不是非要一号人物"身先士卒"，而是必须理性地分析攻克目标，制定合理的作战方案。

执行力并非是一个空洞的概念，它体现在人的身上，企业要想提高执行力，并非是搞自上而下的改革就行了，关键还要提高每一个部门以及每一个人的执行力。然而人毕竟都存在着惰性，想要自主地增强执行力也还存在着现实困难，这就需要依靠企业创造良好的环境去改变。对员工来说，最重要的促动环境就是企业的文化氛围。华为的执行力之所以强大，就是因为培育了良好的企业文化氛围。

首先，华为建立了高效的执行力领导团队。孔子曰："其身正，不令则行；其身不正，虽令不行。知人者智，自知者明。"一个优秀的企业领导者，单单具有指挥能力是远远不够的，还需要有强大的执行意识，也就是说能够率先垂范，身体力行，这样才能渐渐地引导员工树立坚定的执行意识。华为从领导班子到中层干部再到基层干部，三个层面的管理者都同步提升执行力，在这种良好的带头作用的影响下，员工自然会受到启发和监督，也就很容易增强执行效能。

其次，形成科学完善的管理体系。没有规矩，不成方圆。华为的执行力为何如此强大？在于其拥有一套标准的管理流程，无论是基层员工还是高层管理者，都要在规范的制度下进行操作，而且要面对各种考核指标。这种标准化流程避免了一些不确定因素带来的不稳定，确保了执行力的刚性执行目的，同时也提高了工作效率。任正非曾说："一个新员工，看懂模板，会按模板来做，就已经标准化了、职业化了。你3个月就掌握的东西，是前人摸索几十年才摸索出来的，你就必须再去摸索。"当制度形成之后，每个人都要严格去执行，就像基督徒恪守教规一样，任何人都不能去破坏它。

最后，加强持续创新的管理理念和手段。在《华为基本法》中有这样一段话："提高流程管理的程序化、自动化和信息集成化水平，不断适应市场变化和公司事业拓展的要求，对原有业务体系进行简化和完善，是我们的长期任务。"这段话体现出华为对创新管理的重视程度，当企业发展到一定阶段之后会随着内外部环境的变化而变化，于是原本的管理流程会出现一些漏洞或者是瓶颈，特别是高精尖领域的企业，常常会随着技术和业务的转型升级，有时原有的管理法则已经不适合新的时期。华为也是如此，技术含量高，市场占有大，所以只有坚持管理理念和思路的不断创新，才能有效提升企业的执行力。

罗马不是一天建成的，企业的执行力也不是一朝一夕就能确立的，需要经过长期的积累，最终将其融汇到企业文化乃至每一个员工的意识深处，同时还要以制度来规范和沉淀。华为的管理理念是一种总结了自身发展经验的智慧结晶。对于其他企业而言，与其仿效华为的执行力案例，不如学习华为的执行力构建过程。这样才能真正让执行文化落地生根，将员工培养成"为加西亚送信的人"。

Part 7

墨守成规是企业的墓志铭

给找死的兔子一个理由

前几年有一套很出名的系列漫画,叫《找死的兔子》,讲述的是一只兔子想要快乐地死去,于是采用了各种搞笑又怪异的方式去自杀:用放大镜静静地望着太阳,大胆地袭击外星人,炸比萨斜塔,向核武器根据地发动进攻……这本书用黑色幽默的方式揭露了一些社会现实,耐人寻味。不过,找死的兔子最吸引人的,其实是它蕴藏的创意。这么多奇奇怪怪的死法和有趣巧妙的反转,如果用在商业创意上岂不是同样有价值?

做企业最怕什么?怕亏损?不是。怕没有口碑?也不是。做企业最怕的是"三十年河东三十年河西"这句话。从改革开放以来,很多民营科技企业都逃不掉"各领风骚三五年"的魔咒,很多企业都经过非常艰难地崛起,接着步入短暂的辉煌,随后开始走下坡路,最终烟消云散……这个魔咒虽然可怕,然而华为却成功地避开了。

华为从2万元起家到现在,经历了近三十年的时间,成为世界五百强和全球最大的通信设备制造商,创造了中国乃至世界企业发展史的一段佳话。然而为何华为到现在都没有衰落呢?答案只有一个,华为懂得创新。

事实上,华为是一个并不喜欢大谈特谈创新的企业,但是会将创新用在刀刃上。如今有些企业喜欢标榜创新,甚至将创新当作一种口号,给外界营造一种创新主义风潮，然而在实践中却"梦回大清"，保守得不能再保守。

创新虽然是增强企业竞争力的法宝，但同时也是一条充满风险和挑战的冒险之路，特别是在高新技术产业领域，创新是一个企业生存的资本和品牌的价值核心。因此，任正非才说："不创新才是华为最大的风险。"

假如华为没有创新，想要在一个高科技产业中立足是非常困难的，在这个领域最能体现出"不进则退"的残酷法则，哪怕只落后一点都可能招致"杀身之祸"。这种天然的危机感如同达摩克利斯宝剑一样悬在华为的头顶，迫使其不断创新，突破自我。

和其他多数民营企业一样，华为也是依靠贸易起步的，然而华为并没有继续走贸易发展之路，而是搞起了自主研发，几十年如一日。据说华为有一半员工是做技术研发的，为了保持技术在行业领先的优势，华为在招聘技术人才时给出的薪资待遇往往比外资企业还高。

华为很像一只"找死的兔子"，所不同的是，兔子是用各种创意求死，而华为是用各种创意求生。华为虽然没有把创新挂在嘴边，却将创新意识渗透到了企业的骨髓当中，体现在企业运营的各个环节中。由于忌惮盲目创新可能带来的危害，华为从来不做机械式的创新，而是创造一种相机而动、有的放矢的创新思维，一种以客户需求为核心、市场趋势为导向的企业模式。华为能够紧跟时代的脉搏和技术市场的风向进行创新，从而达到了一种不断自我完善和超越的创新境界。以此为基石，华为这座摩天大厦才能稳定不倒。

20世纪40年代，美国有不少制糖公司向南美洲出口方糖，然而由于方糖在海运中经常会受潮，给制糖公司带来很大损失，为此公司聘请了不少专家出谋划策，却始终无法解决这个问题。后来，一个名叫克鲁索的制糖工人想出了一个十分简单的办法：在包装纸上打开一个小孔，让空气形成对流，这样方糖就不会受潮了。后来，克鲁索将自己的开孔发明申请了专利，一家制糖公司得知以后，用100万美元的高价购买了他的专利使用权。

在糖纸上开孔，只是一个很简单的设计，一般人却不容易想到，可见创新思维的巨大力量。很多时候，创新展现的并非是一种能力，而是一种视角和视野，只有视角高远、视野宽阔的人,才更容易实现创新。创新能力的大小意味着格局的高低。

华为就是一个具有创新格局的企业,它的全球战略布局十分有远见,不像那些只盯着眼前利益的其他科技企业,华为并非是一个机会主义者,而是拥有着更睿智和高远的企业战略视角。比如在当年小灵通火爆的时期,中兴和UT斯达康等企业抓住商机赚了不少钱,然而华为却没有冲动地跟进,而是将宝贵的资金投放到当时没几个人知道的3G技术上。当时,外界一致认为华为犯了战略错误,竟将投资放在一个无人知晓的通信技术上。抛开上帝视角,以普通人的角度看,那时华为确实很像找死的兔子,然而事实果真如此吗?

其实,当小灵通火爆通信市场时,任正非就已经看到了它背后隐藏的危机,它本身是一个落后的技术,没有科技发展前景,而3G才是代表未来主流技术发展趋势的。后来的事实证明,任正非的观点是非常正确的,现在华为已经成了全世界主流电信运营商的最佳合作者。试想一下,如果华为没有创新意识,脑子里只想着赚钱,华为恐怕就不会有今天,更不可能会在3G、4G以及5G领域中拥有现如今的领跑者地位。

外界曾经有一种错误的认识:一个企业能否走向世界,技术创新是非常重要的,只有充分掌握了核心技术才会有全球化战略的基础。这个观点的错误在于,全球化的过程本身就是提高一个企业技术的过程,并非是要完全技术化之后才国际化。华为在1996年就尝试着走出国门,在激烈的国际竞争中不断提高了自身的技术创新能力,也就是说,华为比其他企业更大胆、更有激进的想法,这也是其获得成功的重要因素。

华为的技术创新主要通过引进并吸收技术来实现,也就是说,华为在国际企业的技术成功上进行了符合华为要求的功能和特征上的提升。这对于早期缺乏核心技术的华为来说,无疑是一条相对便捷的创新之路。华为通过购买或者支付专利许可费的手段获得国际市场的"准入证",然后根据市场需求进行了二次创造和融合,实现了知识产权的价值最大化。

现在,很多国内的制造企业遭遇了人力成本居高不下和产能过剩等情况,外加人民币升值和海外市场低迷等外部因素,大部分都缺少品牌和技术的国内制造企业,如果不进行转型和升级,将会面临更加严重的危机。

任正非说:"科技创新不能急功近利,需要长达二三十年的积累。"显然,华为能够走出国门,能够在世界这个大舞台进行创新,正是因为华为敢于投入和付出,就像找死的兔子一样不顾一切,相比那种谨小慎微、一掏钱做研发就瞻前顾后的企业来说,多了几分魄力和成功率,而这正是华为不赚快钱、赚大钱的创新经营思路。

单纯进行产业升级是远远不够的,还需要进行管理的同步升级,华为曾经有过粗放式的管理时期,然而在意识到落后的管理模式会拖创新的后腿之后,华为就马上进行了大刀阔斧的改革。华为在国际化进程中,越来越发现企业内部管理是创新的基础,所以先后和IBM等世界知名企业合作,斥资几十亿元引入了先进的管理理念和方法,帮助华为在产品开发、业务流程、品质控制以及人力资源等方面进行了系统的改革,最终将企业的业务管理体系聚焦在客户价值创造这一核心上。

经过了十几年的发展,华为终于在企业管理方面实现了国际化,不仅经受了业务持续增长的考验,还获得了海外客户的认可,帮助其在国际上进行创新奠定了强大的基础。

为了增强创新能力,更好地挖掘客户需求,华为建立了"客户创新中心"和"诺亚方舟实验室",依靠对客户个性化需求的解读,先验性地开辟了一条为客户进行创新的个性化服务,其目的是为了满足各个国家不同客户的需求,将其当成华为创新的根本动力。在华为看来,抓住客户的"痛点"要比抓住竞争对手的"痛点"更重要,而重视客户价值也比重视成本价值更有意义,这些都构成了华为创新的核心内涵。

创新并没有外界想象的那么复杂,它和成本优势也没有必然冲突,只是成本优势在意的是当前结果,而创新的价值体现在未来。只要围绕着客户进行创新,就能找到正确的创新路径,也不会做无用功。

一部华为的发展史,就是一部从侧面反映中国通信产业的变革史,现在云计算已经被当成科技界的一次重要革命,华为依靠强大的技术研发能力,以云计算手段为依托进行了产业转型升级,从而达到云管端的一体化,将软件服务和终端视为日后发展的新领域。

现代管理学之父彼得·德鲁克曾说："一家企业的崛起远比一个国家的崛起更值得我们夸耀。"正是因为华为的成功才激发了其他国内企业的成功欲望，让他们看到了一条光明之路。只要给找死的兔子一个活下去的理由，它就能将求死的创意转化为最强的生存能力。

交给市场验货

在很多影视作品里，经常有黑帮与黑帮之间交货验货的剧情，每到此时，十之八九会发生火拼：要么是货出了问题，要么是买家不想掏钱。

地下交易害怕买到假货，光明正大的交易更害怕买到假货，对于一个企业来说，自己的产品不能通过市场和消费者验货，对方完全有理由给你"回头一枪"，利用市场淘汰机制将你拉进黑名单。那些能够坦然接受验货的品牌，才是真正具有市场竞争力的良心制造。

如今华为在中国市场已经占据了一定地位和优势，所以正在逐步将战略方向转移到国际市场，充分体现出了二次替代的企业竞争力。

在20世纪80年代和90年代崛起的巨大中华、大唐电信以及中兴通讯，都是从国内市场崛起开始的，当时中国的通信市场上没有国货，基本上都是依赖美国、欧洲和日本的进口货，而且价格不菲。华为创立之后，不想总是依靠低端产品的代理和仿造来盈利，而是想真正地做自己的产品。于是，华为集中优势资源主攻数字程控交换机，最终在20世纪90年代中期获得巨大突破，赢得了市场占比，也迫使国外产品大幅度降价。除此之外，华为还陆续开发了网络通信产品比如路由器等，走上了一条"模仿到创新再到替代"的过程。现在，华为是国内市场和国外市场双管齐下，要在不同的市场让产品接受不同的检验方式。

既然是交给市场检验,那么选择一个什么样的市场就显得尤为重要。现在华为的战略是,将人力资源优势和技术优势充分累积起来,让自家的产品接受外国市场的检验,和外国的竞品一争高下,这样才能获得更好的口碑和更大的销量。这就好比一个小贩在小区门口摆摊赚到了钱,积累了生意经,就可以去商业街大大方方地租个摊位卖货,提高自身的档次,为自己搭建品牌。

如果说国内市场上的"一次替代"和地缘关系、政策法规有关的话,那么华为的二次替代才是最能展现其竞争实力的,也最能考验一个产品的质量优劣。二次替代从发展中国家转移到发达国家的市场,这种替代对发达国家的企业威胁极大。另一方面,华为推行"二次替代"的战略也恰逢一个良好商机:在全球金融危机和经济衰退的背景下,长期由国外品牌占主角的部分高端市场出现了动摇,不少国外的知名品牌也在压缩投资,寻找价廉物美的新兴设备,于是华为的竞争优势就体现出来。

在华为内部有这样一条规定:"华为公司要做业界的标杆、质量的标杆,如果我们产品的质量和业界标杆有差距,那么我们就要快速的赶超。我们每年必须以不低于30%的改进速度去改进,即使我们成了业界的标杆之后我们每年依然要以20%的改进率去改进质量。"

正因为有了明确的规定,才让华为的员工在产品质量方面不敢松懈并持续超越自我和对手。当然,华为的崛起靠的不是口号,而是行动。作为世界五百强企业,华为要面对的现实问题是:每个国家对产品质量都有着不同的标准,这就要求华为将产品做到最完美,这样才能符合最苛刻的认定标准。

在华为有一句话叫:人民币一样的质量。这句话可以理解为,华为的产品要像人民币一样在频繁的流通中保证坚挺而不会轻易坏掉。所以华为的质量部门以这个极高的标准去要求华为的一切产品,同时还要赋予产品几个特征:简单、标准化和终身免维护。在这种高质量的使用周期下,华为的产品自然会赢得比较良好的口碑。

在品控方面,华为要求以欧美和日韩作为标准,而这些经验和原则是华为进军欧洲市场时逐渐积累的。同样,在亚洲的成熟市场,华为也推崇"质量就是零缺陷"的原则,要求产品尽善尽美。在华为进军日韩市场时,向当地的企业学习到了质量管理的法则和诀窍，进一步提高了产品的市场生存能力。在北美地区，华为得到了"免维护"的建议，也就是说产品尽可能不要出现任何问题，这是因为维护成本高昂。在如此严峻的市场环境下，华为还是提高了质量管理的水准。正是这种学习和改进的态度，让华为的全球化战略有了坚实的基础。

华为的品控管理原则是：不放过三千分之一的瑕疵、不省略百万次的测试。换句话说，华为对质量问题采用了一票否决的"零容忍"，质监部门个个都像信奉完美主义的"处女座"。比如，为了测试手机摄像头在跌落环境下的止损率，华为召集了30个专家进行了为期一个月的实验，前后共计使用了20多个测试方案，总计花费上百万元人民币。

华为对手机按键的可靠性也进行过严格的测试，为了弄清手机按键失效的问题而进行反复的测试，每一次都在100万次以上。华为的质量部门认为，必须要弄清一个按键在被按了100万次之后会是怎样的反应，去寻找薄弱环节并进行修改，而且会基于这个测试和华为的质量标准对生产线上的按键质量再定一个标准。显而易见，这就是华为追求的工匠精神，一种对细节的关注和痴迷。

产品接受市场的检验，检验的并不单纯是产品本身，还有企业自身的实力。比如在小区门口卖日用品，同样的东西经过不同的人吆喝，卖多卖少可能就会完全不同。华为也是如此，能够将产品推向国际市场，也依靠了三大优势作为支撑因素。

第一，人才的性价比优势。

华为是一个后发经济体，是技术的学习者和消化者，也是某些技术的创造者，所以优势在于客户效用和顾客代价，简单说就是产品性能满足消费者的基本需求，和国际竞品差别不大甚至价格上更有优势。因为通信和网络产品的大部分成本是用在开发上，而国内的人才使用成本低于国外很多，占据了人才性价比优势。

第二，技术的创新优势。

华为虽然起步阶段技术基础薄弱，然而经过多年的创新之后，在应用技术方面能够准确洞察用户的需求，让产品具有很大的实用性和便利性，这成为华为追赶国际知名企业的主要推动因素。换句话说，华为就是走了一条独辟蹊径的成功之路。如果把华为比喻成小区附近的摆摊贩子，可能他嗓门不大不会吆喝，但是特别有耐心，能够回答购买者的各种要求，所以同样也会具有强大的竞争力。

第三，合作伙伴的同步优势。

要想打进国际市场，对产品的质量要求非常高，而华为的产品质量好已经成为公认的事实，最重要的是华为对自身的产品定位也十分明确。在华为看来，零件没有缺点才是真正完美无瑕的产品。华为在选择供应商方面也特别地挑剔，第一要选择和华为有着相同质量追求的企业；第二要秉承优质优价的原则，也就是提供给华为好的产品华为就会回报上等的价格。从这个意义上看，华为的产品能够被国际市场认可，也是在检验其友军的市场生存能力。华为将整个价值链上的参与者都带动起来并同步做到极致，所以才能制造出让人惊艳的产品。

华为在 P8 上市时采用了全球普遍的最窄边框的设计，然而这种设计会带来点胶溢出的问题，虽然能够通过良品率并符合质量标准，但是在用户体验上却被扣了分，这是华为所不允许的，于是华为进行了高强度的测试，最后发现点胶溢出会让手机在几年之后边框略有松动，也许用户未必能感觉出来，但对华为而言这就是不完美的产品。最后，华为果断地将这一批次产品放弃，推倒重来，这给华为造成的损失超过了十几亿。

一个企业的产品能否得到社会的认可，最终需要通过市场来检验。华为用国货代替进口货的行为是具有很大的进步意义的，也是后发经济完成工业化并追赶发达经济体的关键。如果其他国内产业也能做到像华为这样，那么民族工业体系就能初步形成，中国制造的名头也会在世界更加响亮。

为什么不试试"偷窥"客户

在一条街道上有三家水果店。一天,一个老太太来到第一家店,问有没有李子,店主说他家的李子又大又甜,非常新鲜,然而老太太一听就转身走了。接着,老太太来到第二家店问了同样的问题,店主说他家有甜的李子也有酸的李子,问老太太想要哪一种。老太太说要买一斤酸李子,于是成交。第二天,老太太无意中来到了第三家水果店,也问了同样的问题,店主问老太太为何要买酸李子,老太太说儿媳妇怀孕喜欢吃酸的东西。店主一听,先是恭喜了老太太,然后又说女人怀孕期间应当补充些维生素丰富的水果,比如猕猴桃,老太太一听,就在店主的建议下买了一斤酸李子和一斤猕猴桃。

在这个故事里,第一个店主是不合格的,第二个店主是合格的,第三个店主是优秀的,因为他不仅能满足客户的需求,还能挖掘客户背后隐藏的需求。换句话说,这位店主通过老太太执意购买酸李子"偷窥"出背后的真实原因——给怀孕的儿媳妇吃,于是,找到了客户的最大需求点,从而获得了利润。

一个成功的企业,也是一个善于"偷窥"用户潜在需求的企业。很多时候,客户出于这样或那样的原因,不可能将自己的真实想法都透露给市场,这就需要企业主动去挖掘和探索。在发现客户内在需求的问题上,华为有着独特的视角。

前些年，评价一部智能手机的作用往往主要是看运行速度、拍照质量和音乐音质等几个方面，然而自从微信抢红包通过春晚火了一把之后，很多人热衷于一边看电视一边抢红包的新娱乐形式。抢过红包的人都知道，这是一个考验手速和手机性能以及网速的半"体力劳动"，其中手机性能则起到了非常重要的作用。

根据大数据统计，在2015年的春晚抢红包活动中，华为MATE8的"战果"超过了其他手机甚至包括苹果手机，当仁不让地成为当年抢红包的"主力手机"。

有人认为，一个抢红包能说明什么？难道就能证明华为的手机比苹果的手机好了？当然不是，然而这反映出华为在深挖客户需求方面所做的努力。MATE8做了很多针对抢红包的功能，比如指关节画字幕快速开启功能，这项应用用户可以自定义，比如将字母 C 设定为支付宝，再将字母 E 设定为微信，在随意一个操作界面，只要用指关节画字母 C 或者 E 就能快速打开抢红包的应用，这就比用指纹解锁或者纯手动操作要快很多。因为对于客户来说，当几千万人甚至上亿人在抢红包时，相差哪怕0.1秒，体验也会有极大的不同。

除此之外，MATE8还设定了指关节分屏同时抢微信和支付宝红包的功能，一个屏幕一分为二，两个抢红包系统互不干扰，极大地提高了用户的操作效率。要知道，有的人习惯用微信支付，有的人习惯用支付宝，而两大平台的用户基础都很大，所以这个功能十分具有现实意义，足见华为对用户需求的体贴入微。还有，MATE8安装了"华为红包助手"开启了红包提醒功能。很多用户因为忙于其他事情一时间顾不上抢红包，这对他们来说是非常遗憾和痛苦的事情，有了这个助手提醒之后，就会让用户牢牢抓住每一个抢红包的机会。

一个简单的抢红包活动，就能充分反映出华为在揣摩用户需求方面所做的努力，这是一种深挖客户需求的意识和能力，也有力地践行了华为的核心企业价值观——以客户为中心。

有很多的企业自以为已经了解了客户的需求，不必深挖，其实这是一种认识误区，因为了解需求和深挖需求有本质上的不同。比如，企业知道客户需要购买一部手机，这是了解了客户的基本需求；而如果企业知道客户需要一部拍照功能强悍的手机，并针对性地采用了高清摄像头或者双摄像头，同时还在手机系统中植入了美颜功能或者美图软件，这就是深挖了客户需求。后者和前者相比，自然更容易打动客户。

华为在深挖客户需求方面可以说是煞费苦心，这点在员工入职华为接受培训的时候就已经体现出来了。比如，在华为的培训课上，老师经常会说这样一个故事：如果你是一个饭店的老板，有一天一个顾客来到你的店里，吃肉时总是把肉塞进牙缝里，却发现餐桌上的牙签并不能很好地剔牙，那么你在下次采购牙签时，你的第一反应是不是想着进一些好用的牙签呢？

当培训师发出这个提问后，不少华为的学员都说要设计一个好用的牙签，因为一个服务细节也会关乎饭店的营业额，然而培训师告诉他们都答错了，正确的答案是：应该烹制出不塞牙的牛肉。因为与改进牙签相比，改良牛肉的做法才是追本溯源，解决客户的深度需求，这种思维方式才是真正跳出了问题本身。将企业的视角放在一个更高的水平线上，更能够轻而易举地"偷窥"到客户的潜在需求。

"偷窥"二字说起来不好听，但正因为是"偷窥"，得出的结论往往是最真实可信的。偶尔"偷窥"一下客户，发现他们的潜在需求并加以改善，这对企业来说是非常重要的经营手段。

作为技术起家的华为，骨子里也有着深厚的技术情结，一直想设计出完美的产品，然而在研发的过程中，如果忽视了用户的真正需求就很容易走错方向。所以，华为要求每一个员工都树立一个正确的产品观念，特别是华为做企业业务和运营商业务的时候。因为设计者本身一般不会使用自己设计的产品，这样就很难体会到使用者可能遭遇的痛点，所以就必须站在用户的角度去审视自己的产品能否符合对方的要求，而不是闭门造车。

华为在深挖客户需求方面，走了一条"自上而下"的自我修炼之路。任正非曾说过一句话："华为早期一直的战略是跟随、满足客户定制化需求，在运营商市场，逐步吞噬着其他巨头的市场。"这表明了华为紧抓客户需求的战略重心，因为华为很清楚，如果将客户需求抛之脑后，仅仅是依靠几个"黑科技"占领市场，那么这种繁荣顶多是昙花一现，迟早会被淘汰出局。

华为在面对企业客户时，也同样注意深挖客户需求，因为华为的大部分收入来自于合作伙伴、服务渠道以及满意度所带来的附加值，这就要求华为无论是面向个体还是集体，都要揣摩对方的需求。

为了深入发掘客户的需求，华为会定期依靠雇用第三方来对渠道进行满意度的调查，经过多年的经验积累，这些调查手段不断更新，面向的范围也逐渐扩大，从过去的总经销商扩展到了一代甚至二代渠道合作伙伴，这种多维度的调查能够深入剖析华为多年来业务发展中出现的问题，尽可能地了解客户的心声并推动华为业务的发展。

有了这种良好的合作机制，渠道合作对象也会及时地将自身关注的问题反映给华为。2011年，渠道商关心华为会不会在企业业务领域做战略性投入以及是否有持续性。到了2012年，渠道商就将关注的重点从战略方面转移到了战术方面，他们关心合作中的一些具体操作问题，比如流程是否要简化、政策能够变得更积极等。几乎每一年渠道商的观察视角都会发生一些变化，这恰好说明华为在探知客户深度需求方面与渠道商、客户和市场形成了良性互动，并获得了极大的成功。

神州数码是华为早期的合作伙伴之一，它见证了华为以客户为中心的实施过程。神州数码曾经向华为反映过，华为的货物名称标签有问题，直接影响到了货物的二次分发，最终干扰到终端用户对货物的确认。华为在收到这个反馈之后，马上响应，将货物标签问题视为当年的"TOP级问题"，联合企业BG、产品线专门成立了项目组并火速拿出了解决方案。这种惊人的处理速度让神州数码真正理解了华为迅速崛起的原因。

华为正是以客户为中心，才形成了深挖客户需求的产品观和服务观，通过"偷窥"客户的内心世界，了解他们的深入需求，提升了产品的实用性和针对性，让产品的功能和附加价值超越了产品本身，延伸到了产品供应链等服务环节，促进了整体价值链的有机运作，提高了客户和渠道的满意度，由此也奠定了华为在国内外市场占据优势地位的基础。

开启上帝视角

一天,著名美国零售企业好市多接到了一个妈妈的电话投诉,说自己的女儿才16岁,而好市多却向她女儿推荐孕妇产品。然而好市多的解释让这位母亲十分尴尬:她的女儿确实已经怀孕了。

如果这件事发生在互联网时代之前,简直是不可思议的——一个母亲竟然不知道女儿怀孕而超市却知道。然而在互联网时代,发生这种事似乎就显得再正常不过了,因为在网络上可以通过用户的浏览记录、购物记录等多种信息残留了解用户的需求,而这背后隐藏的真相可能是用户身边的亲人都不知道的。这个"上帝视角"意味着一个新时代的到来:大数据时代。

在人类社会进入互联网时代以后,无论是金融、电信还是能源和医疗等行业,其日积月累产生的数据都在飞速地增长着,然而数据的重用概率却不高。随着4G时代的全面覆盖和5G时代的到来,华为会在这股浪潮中继续挖掘其重要的价值,同时以数据的制造者和分享者的视角表达对大数据的理解。

什么是大数据?在华为看来,大数据是指通过对海量数据的智能存储、智能挖掘和智能分析,针对具体行业应用的一种分析技术,是为了将琐碎的数据加工成具有商业价值的一种数据处理技术,从而帮助企业进行精准营销和精细化运营。而且,大数据要具有足够长的时间跨度，这样才能真正实现微观数据到宏观规律的认知迁移，还能对海量数据进行有效的分析，要具备高速的筛选和分析的效率，这样才能带给用户最好的体验，这也是和传统数据挖掘存在的本质差别。

华为曾经在中标山东移动之后，就马上着手进行大数据操作，比如分析用户的话费清单，从中能发现很多有价值的信息：站在用户的角度看，查询自己的每月话费详单之后，面对着一大串的数字往往无所适从，需要知道自己本月的漫游多还是本地电话多，或者是呼出电话多还是被叫电话多等，这些信息就构成了用户的个人信息基础；站在运营商的角度看，山东移动有几千万的用户，如何去发掘这些用户的共性消费特征，如何去制定符合用户消费需求的套餐，这就事关对市场消费能力的挖掘。

为了获得这些有价值的信息，华为引入了海量的大数据存储系统和分析系统，通过部署大数据，一方面增加客户的忠诚度，另一方面降低运营成本，毕竟有些套餐使用人数很少，如果再配备一套系统去维持运营的话就会入不敷出了。

大数据是一个无所不知的"上帝之眼"。从20世纪60年代开始，人们对数据开始了从部署到自动化再到数据爆发的三个阶段，每一个阶段带给人类的体验和意义都不尽相同，而操作大数据的对象也从企业用户扩展到了普通用户，尤其是当今数据爆发的时代，每一个人都是大数据的贡献者。套用一句流行的话说：数据无处不在。的确，大数据已经贯穿并影响到每个人的日常工作和生活，随着"大数据"成为热门词汇，不少厂商都尝试从自身业务角度出发，向市场推荐自己的大数据产品和解决方案，力图成为大数据时代的受益者和掘金者。

华为现在推出的大数据存储产品，比如N8000，就是利用了大数据分析出来的产品。它作为一个高性能的存储指标，每秒钟能够进行300万个操作。现在华为的大数据存储已经在国内外都积累了大批用户，不仅有山东移动这样的省级国企，还有工商银行、世界最大的体育视频节目制作公司IMG等。当然这些用户也有不同的需求，有的希望从客户的存储中挖掘投资习惯并释放针对性强的理财产品，有的是对分布式动态视频渲染有强烈的需求。

有一部好莱坞大片叫《永无止境》，讲述了一位落魄的作家，服用了一种能够迅速增强智力的神秘药物，然后作家凭借这种高智商进行炒股。因为他可以在短时间掌握很多公司的资料和背景，也就是将世界上已经存在的海量数据，比如公司财报、几十年前的报纸以及一些小道消息都挖出来并整合在一起，甚至还有推特和脸书上面的网络社交数据所表达的人们对某一只股票的情感认同……作家将这些数据全部搜集到一起之后，就会发现很多股市的内幕。最终，作家在10天内就轻松赚到了200万美元。

这部电影简直就是对大数据能量的教科书式的阐释，它让很多普通人了解了大数据对人们生活的重大影响。事实上，大数据距离寻常百姓已经不再遥远，非专业人士也有机会接触到它并利用它为自己谋求便利。华为现在正在开启"上帝视角"，试图将自己逐步打造成电影中的作家，将能够掌握的一切信息分类整理，最后运用到企业的生产、经营、管理、服务、战略布局等多个环节，让华为看到的更多、想到的更远。

未来，人们对大数据的应用会更加广泛，比如依靠遍布全国的电子眼和监控摄像头以及警务系统，就能够及时发现犯罪分子的作案苗头并进行预警。另外，手机信号也可以和大数据进行有效的联动，未来甚至可以用于控制交通流量，比如依靠手机或者车载GPS，当交通陷入堵塞状态时，用户可以依靠手机获知进入哪个路段要收费，如果非要进入就直接通过手机扣费，避免了在各个路口设卡刷卡的麻烦。当然，要真正完成这一步，需要政府在政策上大力进行扶持。

目前，大数据还处于起步阶段，还没有完全形成格局，也没有一个相对独立的大数据市场作为样本进行分析。从中国的情况来看，华为在大数据领域遇到的竞争对手并不多，因为其他厂商还不太关注这一块市场，而在海外，大数据解决方案提供商越来越多，它们负责提供大数据收集、存储、提取、商业智能等多方面的功能模块。

根据国外一些专业人士预测，大数据的发展很可能会影响到职场，未来可能会有一个"数据科学学位"。但是在华为看来，这些大数据解决方案和传统IT相比还是存在着一些无法规避的挑战，比如大数据应用的数据量很大，而且需要一个缓慢积累的过程。由于数据移动困难较大，就会对应用程序的计算要求提高，另外还有使用成本上的问题。

每到年终岁尾，华为都要进行大数据信息搜集，比如华为的消费者业务。2016年，华为消费者业务正式发布《2015年度·华为消费者云服务白皮书》，精确地分析了华为2015年在消费者云服务领域的建设概况，其中包括用户概览、用户喜爱的服务和应用以及开发者情况等三个方面，通过对这些数据的分析，华为向外界展示了智能手机丰富多彩的用户体验。从这个白皮书中可以得知一些重要信息：每天有超过2500万的用户在华为应用市场下载应用，在用户最喜爱的应用中，实用工具、影音娱乐、社交通讯等板块成为热门板块，其中实用工具在2015年的下载量超过47.2亿。同时，影音娱乐给用户的个人生活带来了全新的体验，很多的华为用户喜欢在手机上观看和收听视音频文件，而游戏也是广大用户工作之余的不二选择，其中经营策略类和角色扮演类游戏下载量增长速度最快。

通过对这些数据的搜集和整理，华为快速地走近用户并深入了解用户，为下一年度的战略计划奠定了可靠的基础。当然，上述这些数据都是华为云服务分析出来的冰山一角，其中隐藏的更深层次的、更有价值的信息还需要进一步整理和分析。

大数据分析现在是华为的战略重点，华为聚集了很多国际级的数据挖掘和人工智能专家，并且建立了强大的本地化内核级的开发团队和咨询、定制化的服务能力。比如针对金融客户的实际应用时，Hadoop可能存在着某些缺陷，那么华为的大数据团队就会提出创新的CTbase解决方案和Miner数据洞察平台，提升用户在大数据信息分析时的使用体验。

华为一旦开启了"上帝视角"，会掌握更丰富的信息，也会对企业的发展带来飞跃般的影响，进一步增强企业核心竞争力，这也是在用实际行动引导华为走向一个"信息战"和"数据战"的新时期。

警惕"创新综合征"

前几年流行一个词,叫作"创新陷阱"。怎么解释呢?所谓创新陷阱,是指企业在发展中对创新活动存在错误的认识结果导致企业发展受挫的现象。简单地说,一个成功的企业只有具备一定的专业知识和科学创新能力,才能避开创新陷阱,让企业的发展顺利进行下去。

摩托罗拉公司曾经策划了一个大名鼎鼎的方案——铱星计划,它是一个划时代的对基站通信技术的有益补充,曾经让无数人为之疯狂,然而最终却流于失败。单从计划构想上看,铱星计划足够具有创新性,是移动通信系统的重大技术创新,甚至可以称为革命,在总体技术上采用了大量以往卫星通信系统从未用过的新技术,具有极强的竞争优势。然而铱星计划过于推崇"技术至上",却忽略了管理架构、市场运营、商业运作等多方面的协调,比如在营销上,由于缺乏完整、专业、成熟的销售团队,无法打通渠道,另外在用户拓展能力上也明显疲软,诸多不利因素加在一起,最终竹篮打水一场空。

事实不止一次证明,盲目的创新会将企业带入万劫不复的深渊,创新不是灵感的燃烧,也不是热血的沸腾,只有客户和市场才是创新的真正源泉,准确地说,市场的导向是创新成败的关键。

华为经过将近三十年的努力奋斗终于异军突起,然而"创新"在华为的管理思维中似乎不是"主流思维",这难道意味着华为不喜欢创新吗?当然不是,华为只是不会盲目地创新。任正非说过一句话:不要什么都互联网。如果从表面去玩味这句话的含义,似乎是在暗示华为与互联网的关系并不密切,然而华为手机的热销却证明华为的触网能力极强。这样看来,答案或许只有一个:华为是跟着客户进行创新的,也就是说华为并不是以互联网文化为创新的灵感来源,而是追求一种"互联网+工业化"相融合的创新之路。

纵观任正非的上百次讲话,其中重点谈到创新的内容并不多,特别是在互联网思维席卷中国市场时,任正非却要求华为15万员工以乌龟精神追赶龙飞船,还要求华为全员拒绝机会主义,按照华为既有的方针路线去发展。看到这里或许很多人明白了:任正非是在教导华为上下保持冷静理性的头脑,不要被"创新综合征"所感染。

"创新综合征"虽然没有被收入医学词典,然而在当今的企业里这种现象却屡见不鲜。据说曾经有一家企业,获得了农业产业化国家级龙头企业的称号,老总认为档次提高了,就希望通过创新来提升企业价值,结果搞了一场自上而下的创新大跃进,连职工食堂和门卫保安都尝试着各种创新,结果由于缺乏专业的指导和明确的目标,最后都做了无用功。这就是典型的创新综合征,这一类企业总是将创新挂在嘴边,领导者也大谈创新思维,至于创新究竟是什么,他们却只是一知半解。从类型上看,创新在中国主要呈现出以下三种形态:

模仿型创新。现在很多中国的互联网公司和科技企业都在玩这种创新,说得好听点,就是向某某创意致敬;说得直白点,就是带有抄袭色彩的创新。这种创新思路其实和国人的传统思维有关,因为国人自身在骨子里还是推崇工匠精神的,如孔子的"食不厌精,脍不厌细"也是从侧面反映了我们对完美主义的追求,但这种工匠精神注重的是个人对细节的完善而非整体的突破;反观西方的工业革命,引领技术革新的是一些有思想、有知识的科学家,而并非几个手工匠人。简而言之,我们缺少冒险家精神,所以很难做到颠覆性的创新,国人普遍缺乏这种无所畏惧的创新动力。当然,这种放不开的创新不完全是坏事,只是让国人的创新能力局限在商业运筹方面。华为早期也是采用了这种保守思路，为的就是稳中求胜，确保企业的运营根基不倒。

持续型创新。这种创新是循序渐进式的，类似于子承父业的模式，父亲进行了"创新1.0"，儿子就进行创新的"1.1"而不是"创新2.0"，从本质上看不会有太大的突破，所以也可以看成是微创新。和颠覆性创新相比，持续性创新比较大众，也更加贴近市场，是一种符合科学进步内在逻辑的创新，也是建立在常态化基础上的变革。应该说，华为将近30年的创新都是持续型创新，这是为了保证华为商业生态的安全性和企业文化、技术、思维方式以及方法论的稳定传承。

颠覆性创新。很多人将这种创新视作真正意义上的创新，颠覆性创新包含技术和商业层面的创新，是从创新1.0直接升级为创新2.0甚至创新8.0的一种形式。在通信领域，完成过这类创新的有微软、苹果、谷歌等知名企业，它们在一定程度上改写了行业标准。至于其他公司的创新，基本上都不能归类为颠覆性创新。

华为所追求的从来不是颠覆性创新，而是能够广泛影响或者改变消费者生活的创新，换句话说是商业模式层面的创新。和100年前相比，现在已经不是发明家的时代，而是技术廉价和技术过剩的时代，很多发明创造诞生在"民间发明家"手中，其中一些通过互联网以极快的速度转为商业产品，从而作用到人们的日常生活。从这个角度看，只有建立在商业模式层面上的创新才是创新的根本，才能实现战略资源的最佳整合。

通过以上三种创新类型，我们可以发现，其实华为追求的正是持续性创新，也就是微创新。华为在发展的早期，采用的是代理商的生存模式，后来逐渐由代理模式转变为直销模式，然而这个模式并非是华为自发地构想出来的，而是被产品问题"逼"出来的，这就要求华为不得不去贴近用户需求。因此，很多华为的老员工都喜欢说一个词：守局。

"守局"中的"局"是指邮电局，相当于今天的运营商。由于当时设备总是出问题，所以华为一些研究人员和专家，经常十几个人组成一个团队守在一台设备旁边，"等待着"设备出问题——当时设备不出问题是侥幸，出问题是常态。

在这种技术不成熟的背景下，华为诞生了微创新。举个例子，当初华为的交换机卖到湖南之后，很多设备出现了短路，后来发现是老鼠尿导致的断电，华为针对这种情况对产品进行了改良，在没有大修大改的前提下减少了故障率，这就是微创新的典型案例。华为正是依靠着贴近客户的微创新才走到了今天，据说华为这种微创新的产品多达上千个，这是华为不断地和客户沟通的结果。

现在，华为的创新也正在遭遇着挑战和危机，比如对成功路径的依赖。最典型的柯达公司，发明了数码相机，却没有转化为生产力，因为在企业文化上尊崇丛林法则，对外来事物和新生事物一概排斥，导致固有的生态秩序被扼杀，这是一种没有很好地利用创新反而被创新反噬的例子。

另外，当华为在坚守持续性创新和微创新的同时，颠覆性的创新也会对它产生冲击，比如苹果手机对华为的威胁始终存在，而华为又不会冒太大的风险进行颠覆性创新，因为纵观世界知名企业，依靠颠覆性创新获得成功的极少，往往是对中小型企业更有利。所以，华为在应对"创新综合征"时，首先做的是坚守自己的原有阵地，只有阵地稳住了，才有反攻敌人的机会。

华为的策略是，加强对未来的基础研究和应用开发同步实施的战略，其实就是开辟一个"创新特区"，允许技术部门触碰一些处于萌芽状态的颠覆性技术，当然要在自己原有的组织体系之外，比如华为的2012实验室。这样做的好处是既产生了创新，又谨慎地暂时将其隔离，等到时机成熟时再释放。

有了创新实验室远远不够，还需要一种全新的创新理念，这个理念体现在商业设计上就是采取更开放的研发模式。虽然华为建立了2012实验室，然而在面对市场和客户的应用型研发时，只会去强化而不是轻易颠覆，因为这是华为生存的基础。在新研发模式的保证下，华为才能循序渐进地进行可持续创新——每走一步都能得到实践的检验，会降低创新的风险。

对企业来说，创新的原动力是生存危机，而保持危机感就是信奉"鲶鱼效应"，华为需要利用自身管理的优势，借用群体执行力的作用，将优势最大化，发挥大型企业的整合性优势。大企业虽然在创新方面风险更大，然而"大"也是力量的源泉，只要确保组织不封闭，确保华为上下始终保持着自我批判精神，就能避免这些风险。

任正非正在将华为打造成一支准军事化的商业部队，在工业文化和互联网文化的融合状态中寻找创新文化的新增长点。

归根结底，华为的创新讲究的是节奏，至于内容反而不是最重要的，所以才有了"创新就是在消灭自己，不创新就会被他人消灭"这句话。华为意识到了创新对一个企业带来的机遇和风险，所以才更加小心翼翼。作为一个国际化的企业，华为的创新思维不可能局限在投入产出比上，也不会仅仅满足于短中期的市场成功，而是会实时应变，以创新为跳板为将来的战略布局做好铺垫。

任正非说："华为在未来的云里面不知会冒出来多少你看不见的领袖，别打击，说不定这个人就是凡·高，就是贝多芬……我们正走在大路上，要充满信心，为什么在小路上走的人我们就不能容忍？谁说小路不能走成大路呢？你想要做霸主就要容得下天下可容纳的东西。你们要容忍在核心网里面出现异类人。"这是华为对创新人才的一种观念，也是对创新思维的侧面阐述。不过，任正非后来也补充了一句："当上上下下人人都在喊创新的时候，就是华为灭亡之日。"

创新是一种寂寞且与危机相伴的选择，会让企业不由自主地走到风口浪尖。现在任正非越来越意识到，华为应该先保证做一个孤独主义者，然后再谈创新。只有对创新心怀一种坚守的精神和敬畏的心理，加上对市场环境的高度警惕和对未来的准确预判，才能确保企业保持着健康的科学精神和创新精神，最终反哺商业精神，将灵感的火花转化为雪白的银子。

反人类是一种病

不知从什么时候开始,"反人类"成了用户吐槽产品奇葩设计的专有词汇,从无法伸开腿的公交车座椅到方便时会走光的公厕隔板门,在网络上形成了一股喜闻乐见的吐槽浪潮。虽然"反人类"没有被定为某种"罪名",却成为企业和产品设计师对用户的最大不敬。

科技是为了服务人,产品也是为了服务人,而不是给人制造麻烦。一个产品若想要真正打动消费者,就要进行贴心的设计,让用户感受到企业的诚意。以客户为中心的华为,堪称是用户的"贴心设计师",能够将工匠精神和"保姆精神"结合在一起,让用户花钱换来优质的使用体验。

华为的P10手机上市之后,凭借着超高的配置和惊艳的外观,很快成为手机圈中的当红明星。虽然在这个段位的手机品牌有三星的S8作为强有力的竞品,然而三星的一个反人类设计让广大消费者不断吐槽——指纹识别模块设计在手机背部。相比之下,华为的P10将指纹识别设计在了机身正面,不仅提升了手机整体的美感,还方便了用户使用。仅此一项,就让P10迅速受到了消费者的青睐。

然而没过多久,很快有人吐槽P10,说这部手机没有设计疏油层,甚至有人认为这是一个很严重的失误,华为该对产品负责。从大家的吐槽来看,P10没有设计疏油层确实让手机的屏幕被指纹痕迹霸占，尤其是在光线强烈的照射下显得脏兮兮的，降低了视觉体验和手感，然而这真的是华为的反人类设计吗？

事实上，很多用户对疏油层的概念一知半解，其实现在很多手机都有疏油层甚至包括几百元的低端智能机，因为疏油层的成本只有几毛钱，然而华为却没有加入这个设计，而是通过给手机贴上保护膜来解决指纹遗留痕迹的问题。华为到底是怎么想的呢？

在华为看来，如此廉价的疏油层根本没必要节省，更不要说P10本身是一款高大上的旗舰机，然而华为放弃疏油层纯粹是出于对用户体验的考虑。因为华为在P10的指纹识别功能上采用了正面不开孔的识别模式，将指纹传感器隐藏到了屏幕下面，这和小米5S的超声波指纹识别不同。由于采用了这样的设计模块，如果在屏幕里加入疏油层，疏油层中的AF涂料会改变电系数，单只指纹识别会变得迟钝甚至失灵。华为正是为了保证用户的使用体验，才不得不省去了疏油层的设计。

在华为解释了不设疏油层的真实原因之后，不少理性的消费者终于意识到了华为的良苦用心，其实这才是不做反人类设计的典型案例。毕竟，抛掉疏油层的P10带给用户方便的解锁体验，与手机屏幕上的些许指纹痕迹相比，显然前者更加重要。

无独有偶，华为的另一款主流机型MATE9也体现出了顺应人类习惯的贴心设计，比如手机截屏。现在很多手机都是同时按动两个键进行截图，然而每个手机的按键分布又不完全相同，耗费两只手去截图也很不方便，特别是在信息高速传递的今天，浪费几秒钟往往损失的是金钱和机会。

华为却站在用户的角度考虑，在MATE9中加入了指关节截屏这个精妙的功能，虽然这不是华为的首创，却是华为力主的人性化设计，这种截屏方式明显优于传统的截屏方式，用户只要用指关节双击屏幕就能完成，过程既方便又灵敏。同时，用户在截屏界面可以通过滑动进行长网页和长微博的内容截取，从而形成一个完整的截图。另外，用户还可依靠双指关节敲击屏幕录制屏幕操作过程，也能选择是否同步收录环境音，这给用户在手机上分享教程带来了极大的便利。

MATE9的另一个贴心设计是"负一屏"。在这个设计上,华为和其他厂商走了完全不同的道路,因为"负一屏"囊括了很多生活服务,除了一般的应用建议之外,还有一部分情景功能会根据具体时间和场景来显示天气、步行步数等信息。除此之外,MATE9还有息屏状态中的快速拍照、低分辨率节电等功能,能够充分满足用户在不同场景的需求,这些都体现出了MATE9的工匠精神。在这种"反反人类"的贴心设计之下,华为持续的改进和创新都在不断提升华为的内在竞争力,让华为有充足的自信和底气与世界知名手机品牌展开竞争,从而赢得更多消费者的认可和支持。

在华为看来,国产智能手机的生存状况很像是一次马拉松比赛:输赢不在几秒之内,而是可以在任何一个时段超越对手。对于华为来说,只要保持突出的竞争优势,短时间内的落后也不影响大局,只要在下一个阶段将对方反超就能完全获胜。比如P10的疏油层事件,其实是一个日久见人心的问题,消费者需要时间去认识华为的设计诚意,华为也需要时间将不明就里的消费者转化为铁杆支持者。

华为推出的B2智能手环,也加入了很多贴心的设计,因为手环和手机相比,体积相对小很多,因此更需要注重用户的使用体验。B2智能手环在很多细节上都令人称赞,比如手机和手环离开蓝牙范围会自动发出蜂鸣声,能够起到防盗的作用。另外还有防止蓝牙耳机拿取误操作:当用户同时按动左右两侧的按钮时,蓝牙耳机才能拿下来,在平时挤公交或者其他公共场所,如果用户无意中触碰其中一个按键,蓝牙耳机也不会掉下来。

除此之外,B2智能手环还有一键静音等功能:来电时耳机会发出提醒,如果用户不想接电话就可以通过蓝牙耳机停止震动,避免对用户产生干扰。华为正是体贴入微地设计了很多实用细节,才让手环这样长时间佩戴的智能设备与用户"相处"得更加"亲密"。

顺应用户的使用体验,需要做长期持续的努力,需要坚持精品战略和工匠精神,这样才能真正打动消费者。正所谓:匠人精神得天下。想要让用户体验到产品的诚意,只能以精耕细作的踏实态度去打动市场,才能在一众竞品中脱颖而出并立于不败之地。

在全球智能手机总量需求下滑以及产品同质化的今天,国内手机品牌想要获得生存空间越来越困难,如何成长为一个强大的品牌,不仅需要华为去思考,更需要其他手机厂商共同面对。须知:反人类是一种病,不赶快治疗,迟早会要了一些品牌的"命"。

Part 8

企业文化，像图腾一样崇拜

信狼道，得永生

2004年，一本名叫《狼图腾》的书横空问世，立即成了当年的畅销书。这本书讲述了北京青年陈阵在内蒙古草原上的插队经历，包含了十几个内容连贯的和狼有关的故事，对"狼文化"进行了形象且深刻的阐述。

从文学的角度看，《狼图腾》是以"狼文化"的强悍和智慧为中国的农耕文明作出的新的解读。有意思的是，真正被这本书吸引的是国内的各大企业，有很多公司的白领都将其视为抢手读物，不少企业梦想着拥有一支具备狼性特征的团队。因为他们隐隐意识到，在竞争激烈的市场上，只有像狼一样的员工才具备更强的生存能力。

现在有一个词汇叫"企业文化仿生学"，也就是不少企业将某一种动物的行为特征视为企业文化的象征，比如华为的"狼文化"和中兴的牛文化。不过和低调内敛的牛相比，"狼文化"更能成为更多企业认同的精神象征。有的企业在管理方面借鉴了狼的智慧，有的企业在营销方面借鉴了狼的勇气，总之是各取所需。

事实也证明，狼的智慧也好，狼的战略也好，狼的协作精神也好，都对企业的经营和发展有着相当大的指导意义。在众多推崇"狼文化"的企业中，华为无疑是最典型也是最成功的企业。

华为的危机意识在业内可谓是首屈一指，华为的狼性管理正是危机管理的核心体验。比如，华为建立了内部辩驳制度，让一些研发机构和相关事业群在内部设置红军和蓝军的对抗机制，模拟两军演习，通常蓝军扮演责难和反驳的角色来质疑红军，通过这种方式能够避免华为走弯路，能够有效地防止颠覆性的错误和灾难性的后果。虽然在外界看来，华为这么做有点"被迫害妄想症"的意思，然而正是这种自造敌军的做法，让华为变得越来越强大，不惧任何挑战。

当狼道精神上升为一种企业文化之后，华为就表现出了和其他多数国内企业产生重大区别的发展态势。不过，任正非并没有亲口说华为的企业文化是狼性文化，而是进行了另外一种更加精确的总结：华为的文化是包容性的洋葱头，能够不断吸纳别人优秀的文化从而将自身的文化做大做强，华为文化是可可西里的电影和残疾人表演的"千手观音"，能够用八个字来概括——"追求完美，无私奉献"。

虽然任正非没有明确地去解读狼道精神的基本概念，但是从华为的管理理念来看，大体上借鉴了"狼文化"的三个方面：第一，狼性文化意味着有敏锐的嗅觉，能够时刻关注外部世界并作出快速的反应，这集中体现在华为比其他企业"快半步"的超前意识；第二，狼极具攻击性，一旦发现猎物就会本能地扑上去而不会浪费时间去讨论，这体现在华为的执行力上；第三，狼群讲究团队合作，既然要发动攻击，一定是一群狼冲上去而不是一只狼单打独斗，必须彼此通力配合，以集体的利益为最高法则，而且要分工明确，有的是主攻，有的是助攻，有的是后勤保障，这体现在华为的跨部门合作模式上。

在华为流传着一句玩笑话："半年见不到人，不是死了，就是在华为。"虽然听起来有那么一点点恶俗的味道，却真实地反映出了华为加班文化的深远影响。难怪在2010年网络上曾经爆出一篇名为《华为对抗〈劳动法〉的〈奋斗者申请协议〉》的帖子，这个帖子声讨的内容暂不定论，但从影响力可知，华为的加班文化已经变成华为"狼文化"中的一个组成因子。

曾经有人爆出华为内部的一封邮件，内容是这样的："公司倡导以奋斗者为本的文化，为使每位员工都有机会申请成为奋斗者，请您与部门员工沟通奋斗者申请的背景与意义，以及具体申请方式。在他们自愿的情况下，可填写奋斗者申请，并提交反馈。"

这封电子邮件可能是人力资源部门写给员工的，从字里行间我们不难发现，华为的很多员工为了长期在这里驻扎下去，为了能够展示出个人才华，都会主动签下这份合同，而签字之后才是一个真正的"华为人"。

据说在华为内部有20多个等级，中层管理大概位于13级到16级，经过调整之后，华为14级以上的员工都要签署这个"成为奋斗者申请书"。签了合同之后，员工得到的是在华为这个超级团队中的一席之位，失去的是带薪休年假以及陪产假等个人时间。当然，在待遇优厚的华为，员工只要肯拼命付出，还能获得更多的内部股权和分红。

虽然这个申请书看起来有些要求苛刻，然而对华为来说，不能够接受这种束缚的人本身也不适合留在华为。在华为内部有一句话很流行："华为工资都是零花钱。"这样看来，华为员工每年分的红利和奖金以及提成等收入才是大头，远超月薪，可见华为的待遇之高。华为还有一个流行说法："圣无线，神终端，海屌丝，大爷软，科学家。"所谓无线奖金包往往是大于薪水包的，而终端和薪水包大致相当，至于后面三类职位基本都赚不到什么钱，然而这并没有减少这几个岗位的人数，因为很多人并不那么在意回报，这是"狼文化"已经渗透到他们的"工作基因"当中，让他们更看重荣誉和成绩。

狼性文化培养的并非是一群嗜杀成性、残忍无情的人，恰恰相反，是在培养一群有团队意识和奉献精神的人。按照一般规律，在狼群中基本上不会存在孤儿，失去母狼喂养的小狼都能得到其他母狼的照顾，因为对于社会化的群体来说，每一个独立的个体的存续都会直接影响到团队的发展壮大，所以华为的员工越是被"狼文化"熏陶，就会越变得功利心减弱。当然，这并不是说华为的员工排斥优厚的待遇，只是在待遇和荣誉中有一个正确的自我认识罢了。

华为的员工乐于付出，这本身也是"狼文化"中"掠夺成性"的一种表现。只要有能力，只要有毅力和信心，在华为不仅不会饿死，而且还能活得很好，这就是崇尚丛林法则换来的生存尊严。因此，在"狼文化"的影响下，华为很少能见到混吃等死的人，因为大家要么为利益而奋斗，要么为荣誉而战，不会变得清心寡欲，哪怕是一个刚经过几个月培训的新人，也会带着满满"杀气"走上工作岗位。为了达到出人头地的目的，他们会自动自觉地加班，有的人每天都会加班到11点，有的甚至到零点，这种超出一般工作狂行为的企业文化恐怕只有华为一家。如果用"狼文化"来解释，那就是狼的成功一靠团队协作，二靠速度。只有时刻赶超在竞争对手之前，才有机会捕获到猎物。

华为人并不喜欢谈"享受生活"和"幸福感"，因为工作带来的快感已经融入他们的企业文化、职场文化甚至是加班文化之中，抵消了他们作为平凡人对幸福的基本诉求。华为的生存哲学就是：一个人如果不努力，还谈什么尊严和生活？这种拼搏奋战的精神是支撑华为走到今天的一个重要推动因素。因此，一个人想要在华为展示出最优秀的自己，就必须要投入大量的时间和精力，作为回报，华为会还给他"一片未被探知的丛林"，在这片丛林中，你可以任意驰骋，你可以肆意掠杀，只要你有能力和信心，你就有名利双收的可能。

现在有些人认为"狼文化"过于残忍，然而华为正是依靠这种"残忍"，逐渐逼向世界霸主的地位。华为无论在国际市场还是国内市场，都能一而再再而三地将竞争对手打倒或者打痛，这是因为"狼文化"帮助华为形成了一种强势文化，一种让同行敬畏的战斗气质。正是在"狼文化"的熏染之下，华为将每一回合的市场竞争都当作一次战争，战争意识渗透到每一个员工的心里并最终沉淀下来，逐步演化为华为的企业文化基因之一。

任正非在提到"狼文化"的时候，主要强调的就是社会竞争的残酷现状，所以华为才会用危机感不断地鞭策自我。当然，华为崇尚"狼文化"并非是推崇狼的贪婪和残忍，只是在严酷的市场环境下的必然选择。一个人如果不愿意拼尽全力去追求财富、地位以及成就，那么很容易变成一个平庸之辈；同样，一个企业如果没有雄心壮志，没有抢占市场的领地意识，那么也会渐渐褪去初创时期的锐气，最终会在激烈的竞争中泯然众人。

价值连城的塔西罗

2001年中秋节前,中国食品界爆出一桩最大丑闻: 南京冠生园用一年前的发霉馅制作2001年的月饼。在中央电视台《新闻30分》节目中播出了这样的画面:南京冠生园将卖不出去的月饼拉回厂里,刮皮留馅,然后对馅重新搅拌和炒制进行冷藏,到第二年重新出库解冻,重新送上月饼生产线。冠生园是一家百年老店,在全国各地开有多家分店,在月饼事件被曝光之后,南京冠生园月饼顿时成为众矢之的,不仅产品全部滞销,就连和它共享同一品牌的上海冠生园都受到严重影响,全国各地冠生园企业的减产高达50%以上。2002年,南京冠生园食品有限公司正式申请破产。

从冠生园月饼事件中可以发现,曝光的虽然是南京冠生园,但也株连了其他同品牌的月饼。表面上看这些分店很冤枉,但是从诚信经营的角度看,南京冠生园直接毁掉了冠生园的声誉,即便再作任何解释也难以获得消费者的信任,继而引发了"塔西罗效应"。

塔西罗效应是指,当一个政府或者一个有权威的人失去诚信的话,就会导致严重的后果:无论你以后再说真话或者假话,都会引起别人的质疑,无论你做的是好事还是坏事,都会引来别人的批评。塔西罗效应对于一个企业来说尤为可怕,甚至可以决定其生死。

作为一个成立时间将近 30 年的企业，华为这一品牌已经承载了亿万用户的信任和认可。2016 年 3 月 29 日，华为获得了中国质量领域最高的政府性奖项——中国质量奖。获此殊荣的华为引发了有关中国制造的热烈讨论。很快，人们对中国的运输服务、ICT 产业和装备制造业中的翘楚进行了讨论，而代表 ICT 产业的华为成为大家热议的样板型企业。

在华为看来，质量是品牌诚信的根本。质量差的产品无论外表做得多么引人注目，对消费者都是一种欺骗和迷惑。在谈到质量问题时，华为只有两句话："质量是华为生存的基石，质量是用户和客户选择我们的理由。"

从目前的国内形势来看，中国的科技和工业领域依然处于从低附加值的中国制造向高附加值转型的阶段，也就是说国内的很多产品其实并不成熟，在国际市场上缺乏竞争力。不过随着中产阶级的崛起，现在中国市场也逐渐接受并消化了欧美社会的某些消费理念。在不远的将来，产品质量的比拼将取代价格大战，成为企业和企业之间的新竞争手段，消费者也会更加重视产品质量而非价格。

华为的诚信源于品牌的魅力，质量是华为对客户最好的承诺。当然，这不仅仅是华为对自己的严格要求，也是任何一个企业都需要明白的道理：只有像华为那样将质量放在企业战略的角度，才能真正打造出一个合格的品牌。毕竟，诚信对人和企业而言都是最基本的生存要素。一个人缺失了诚信将不会再有人帮助他，一个企业丢掉了诚信将遭到市场的淘汰。

华为对诚信的重视程度超越了很多 ICT 企业，它已经将质量管理融入了企业文化中，构成了推动华为进步的基石。在华为走出国门的二十多年间，正是依靠着优质的产品、技术以及良好的服务被世界许多个国家所认可，然而华为并不就此满足，而是每年始终保持着 20% 的改进率去提高产品质量。

华为的质量管理并非只停留在简单的工艺水平层面，还表现在大量的新技术加入方面，而新技术中也包含了产品的改进方案、提高智能化和自动化，并通过大规模的集成化来增加新的材料和工艺，这样才能真正让华为的产品超越其他同类产品。

在 2014 年和 2015 年，华为连续上榜 Interbrand（全球最大的综合性品牌咨询公司）"Top100"全球最具价值品牌榜，随后又在 2016 年获选由 Brand Finance（一个专业评价企业品牌价值和战略咨询的公司)评选的"全球最具品牌价值百强",可见华为不仅在国内赢得了市场的认可,在国外市场也同样口碑良好。

只有设计生产出质量过硬的产品,才能带给用户最优质的产品体验和品质服务。然而有些人总是对企业的"品牌信誉"产生疑问:到底能创造多少实际价值呢?事实上,品牌信誉并非是一个虚词,而是一个能够给企业带来真金白银的因素。根据国际信誉研究院研究显示,有76%的受访者表示愿意购买产品信誉良好的企业产品,这就足以证明消费者在质量和价格之间更倾向于前者。

在ICT行业中,企业可以偶尔借用或者学习其他企业的服务、营销以及广告模式,也能够就此赶超领跑者,然而质量和技术是难以复制的,它也是决定一个企业品牌和口碑如何的根本因素,也是决定一个企业是否具备核心竞争力的根本因素。这需要长时间的积累和探索,绝非一蹴而就的。

2017年,华为消费者业务召开了内部级别最高的2017年质量大会。在这次大会上,华为发出了质量宣誓,再次强调"消费者是业务之魂,质量是生存之本"这个重要的企业理念。2017年初,任正非在一次讲话中谈到了产品的利润问题,他认为未来终端一定会产生利润和现金流,如果无法产出足够的利润就要相应降低人力成本。在2017年的质量大会上,华为再次将质量问题当成重点话题,将"质量至上"视为一种执行原则。华为的观点是:质量优先于成本,质量优先于利润,质量就是一切,质量才是华为生存的根本。

很多国内企业在遇到质量、效率和成本引发的冲突时,第一个考虑的因素都是成本,然而德国和日本的企业却不会这样,它们会将质量放在第一位,因此打造了良好的企业口碑和形象。华为在这个问题上一直向德国和日本的企业看齐,努力从德日企业中汲取一种精工精神,以精益求精和尽善尽美作为对产品的潜在要求。

只有保障了质量,才有资格去谈创新,一部手机科技含量再高,如果它耐用度低、实用性差,也注定只是一个短命的、不受欢迎的产品。相对而言,产品的创新也是要以质量为前提。在华为看来,企业需要的创新是真正为消费者创造价值,所以华为必须能够独立判断市场对产品质量的要求点所在,在这个基础上建立正确的质量观,将质量管理纳入企业的发展战略,才能生产出符合市场属性的产品。

现在，华为的消费者业务逐步向 400 亿美元这个大关冲刺，华为将会接受更加严峻的挑战，而产品质量的优劣将决定华为能否在这次严峻的挑战中立于不败之地。因此，华为要求每一个部门主管都能对自己管理的领域有足够的洞察力，立志成为行业内的专家，这样才能做到严控产品质量。

随着越来越多的华为产品相继登陆北美、南亚以及西欧等世界核心市场，华为还会进一步带动全世界消费者追赶行业最高品质的潮流。华为一如既往地坚持贯彻"高品质、高价格"的市场战略原则，华为对质量的苛求精神，不仅能够加速其国际化进程，更能在世界市场上树立"中国制造"的美誉度。

麻烦遵守下契约精神

在美国纽约的哈德逊河畔有一座孩子的坟墓,坟墓旁的一块木牌上记载着一段传奇的故事。1797年7月15日,一个年仅5岁的孩子不幸坠崖身亡,孩子的父母肝肠寸断,就在落崖处给孩子建造了一座坟墓,后来这个家庭逐渐衰落,父亲只好转让这块土地,但是对新主人提出一个要求:将孩子坟墓作为土地的一部分永久保存。新主人表示同意并将它写进了契约中。100年过去了,这块土地辗转卖了很多人,然而孩子的坟墓仍然没被破坏。1897年,这块土地被选为美国第18届总统格兰特的陵园,然而孩子的坟墓依然被完好无损地保留了下来。又一个100年过去了,1997年7月是格兰特陵墓建成100周年,当时的纽约市长来到这里缅怀这位伟人时,竟然重新修整了那个孩子的坟墓并撰写了这个故事,让它世世代代流传下去。

这种契约精神,培养了西方人的"诚信"观念。契约精神的核心就是:人与人天生存在着天赋和财富的不平等,然而这种不平等可以通过道德和法律的手段取代,让人们在社会规范和法律权利层面享有完全的平等。

相比于西方文明,东方文明对契约精神显然重视不够:企业之间不履约,股东之间不履约,个人之间不履约……这样的案例比比皆是。可以说,缺乏契约精神是导致中国社会和经济发展比较缓慢的一个重要原因。不过,随着世界经济的一体化,契约精神已经成为国际化的必然要求。不遵守诚信的人或者企业，最终都将被国际市场驱逐出去。

有人说，在亚洲除了日本人真正地做到了契约精神，恐怕就只有中国的任正非能够将契约精神准确运用到实践中了。事实上，华为的成功要素之一，就是隐藏在《华为基本法》之后的契约精神，这种契约精神让华为逐渐发展成为中国制造的领跑者。

任正非之所以被人推崇和敬仰，不仅是因为他拥有了一套顶级的管理思维模式，更是因为他具有着体现契约精神的世界观和方法论。《华为基本法》的诞生，正是对企业发展战略作出规范和约束的表现。任正非在关于企业发展、政府关系、合作者关系等管理思想之中，既融入了中华传统智慧的精华，又融合了适应商业发展思想的契约精神。

在面对企业未来发展的问题上，华为拥有着和整个时代签订契约的气势。正如任正非所说，华为没有成功，只是在成长。这句话并非是自谦，而是对华为目前发展状况的真实描述——华为还没有达到任正非预期的目标，也存在着些许不足，只有放眼未来，树立更高远的目标，华为才有更广阔的成长空间。与时代签约，是对企业和市场以及消费者最大的负责。

企业发展都离不开社会的支持，因此华为始终保持着强烈的社会责任感，就像任正非所说的那样：丰富人们的沟通和生活，实现客户的梦想，"爱祖国、爱人民"，国家的事由国家管，政府的事由政府管，社会的事由社会管。华为对自身背负的社会责任感和使命感，表达了一种通过契约精神来规范企业发展方向的决心。在这种决心的驱动之下，华为专注于产品的研发和市场的调查，竭尽全力挖掘消费者需求，保持着一颗赤子之心和顽强的商业精神。

客户是企业生存和发展的"衣食父母"，不能满足客户需求的产品注定会被市场淘汰，因此企业与客户之间也是一种契约关系。任正非多次强调，客户的信任要靠不断的艰苦奋斗得来。事实的确如此，没有客户的支持和信任，就不会有华为的今天。正因为如此，华为才将企业的核心价值观锁定为"以客户为中心"。没有客户对产品不断地提出要求，华为就没有技术进步的压力，也就失去了前进的动力。

任正非有一句话叫"爱公司、爱自己的亲人"。这表明了华为与员工协同一心、相亲相爱的和谐工作氛围，表明了华为要让企业成为每一个员工的家，而不是一个只用来打工的地方。一个员工来到华为，就是和企业建立了契约关系，只有双方在思想和情感上融为一体，共同进退，才能产生强大的创造力和凝聚力。

《华为基本法》就是华为式的契约精神的集中表现，也是华为在公司理念、战略方针、基本政策等方面约束自我的努力。有了《华为基本法》作为行为准则，华为才让契约精神始终融合贯穿于华为的一切经营和管理环节中，使之成为一种信仰。此外，在华为的基础管理政策和工作方法中也能发现契约精神的影子。比如，华为对机构和部门的工作规章制度、工作条例以及执行细则等内容的细化，都是以文字的形式强化了"契约"二字。因此，任正非说："我们把所有的标准工作做成标准的模板，就按模板来工作。"所谓的"模板"，其实也是契约的一种存在体系。

2013年10月29日，"安卓全球开发者大会"在深圳举行，华为在这次大会上作了名为"开放与效率增值与体验"的主题演讲，引起了与会人士的强烈共鸣。在华为看来，移动互联网产业的大潮已经向人们袭来，在以开放为特征的安卓系统上更是吸引了很多开发者。它给整个移动互联网带来了巨大的冲击，也带来了变革和创新的契机。那么，如何才能让这种开放提高效率呢？华为给出了自己的答案——契约精神。

华为认为，契约精神是开放过程的重要一环，直接关系到开放过程中的效率高低，只有倡导并遵守契约精神，才能让所有开发者在中国市场上一起打造良好的生态环境，让消费者安心、省心地使用。这次演讲是华为站在整个行业的高度，为中国互联网生态的良性循环而作出的强烈呼吁，所以赢得了业内人士的广泛赞同。

中国人从来不缺乏创新思维，但是缺乏契约精神，而契约精神往往是推动一个国家和民族走向大发展的内在力量。放眼世界可以发现：美国人的技术创新能力，日本人的优秀管理能力以及德国人的缜密思维能力，从本质上讲都能从契约精神中找到来源。而华为的成功，也是将契约精神合理运用到企业经营管理上的一次伟大实践。如果任正非没有将契约精神巧妙地融入《华为基本法》中，恐怕就不会有今天的成就。

任正非不但打造了一个让世界震惊的科技王国，同时还创立了中国企业的治理大法，这种成功正是契约精神运用在中国经济社会和商业管理上的杰出案例。华为成功的密码是沉浸在心底的契约精神，它能够释放出一股强大的力量，促使华为厚积薄发，不鸣则已，一鸣惊人。

如何复制粘贴一个奋斗者

俗话说：小公司做事，大公司做人。一个企业如果破产了，无外乎两个原因：一个是脱离了客户，另一个是失去了优秀的员工。尤其是对于大型企业来说，能否拥有一支高素质的人才梯队，决定着企业的生死大计。

任正非说："华为就是要树立出一些榜样来，人人都想做黄继光、人人都想立功受奖，这才是我们的优势啊，人人都不讲贡献，那还有啥优势呢？人人都是只守规矩，那我们不如去办幼儿园，幼儿园孩子是最守规矩的，但什么都不懂就没有贡献，我们是以贡献为中心来树立榜样的。"

一个企业不仅需要兢兢业业的员工，更需要优秀出色的楷模，只有在企业中培育精英文化的氛围，才能增强员工的综合素质，带动全体成员向奋斗者学习。同时，还要对那些不作为的员工进行末位淘汰，要激活企业的正能量和战斗意志，这就是华为一直在讲的"精神文明"。

纵观国际知名企业的发展历程，出现过像杰克·韦尔奇、史蒂夫·乔布斯这样杰出的企业家，他们不仅建立了享誉全球的国际品牌，更创造了惊人的市场业绩。现在，中国的一些科技企业也走上了国际化的道路，任正非倡导的东西方管理文化相结合的模式，已经成为不少企业的管理圣经。一个伟大的企业，其背后一定蕴藏着科学的人才观，只有关注人才的培养，重视企业精神的传承，才能让企业在市场中有更广阔充足的发展空间。

在人才发展战略层面，华为体现出了两个特点：精英化和国际化。以此为基础，华为贯彻并执行了一种符合内外发展需求的顶尖人才战略储备模式。

人才的精英化，是指将更多普通员工培养成优秀员工，让他们身上的闪光点感染更多的人。多年以来，在华为内部，无论是基层员工还是高层管理者，都有着一套严苛的任用标准和选拔机制，此外华为还敢于打破常规，不拘一格地聘用优秀的人才。

华为需要的"奋斗者"，不仅是具有专业素养的精英，更是要和华为企业文化价值观相吻合的传承者。随着华为国际化脚步的加快和企业规模的扩大，对这类人才的需求也逐渐增加，华为越来越重视青年人才的塑造和培养。华为的用人标准不是盲目以学历为唯一指标，更看重的是人才的学习力、耐力、创新力以及领导力。正是通过这种独特的人才战略体系，华为才逐渐打造出了一支由无数个奋斗者组成的强力军。

华为崇尚唯才是举，因为未来是不确定的，所以对人才的要求必须符合时代的发展特点，要在内部组织机制上不断地更新升级，才能更好地吸引和培养人才。华为在推崇优秀奋斗者楷模的同时，也会注意维护这些奋斗者的利益，所以才有了"不让雷锋吃亏"这句口号。

现在有些企业虽然推崇榜样文化，但是玩的却是"捧杀"的套路，把一个优秀员工推到神坛之上，然后道德绑架了一堆责任和使命，弄得这些优秀分子上坛容易下坛难，想要物质回报都不好意思张口。在华为看来，"不让雷锋吃亏"是华为人才任用机制的核心，也是让更多人向奋斗者学习的动力。它如同一盏灯塔，只有让人们看到前方的光明和希望，才能有日后奋发向上的动力。

人才的国际化包含两个内容：一个是在全球范围内招募优秀人才加入；另一个是培养年轻人的国际视角，从而深入推动华为的全球化进程。有人认为，全球化并非只有华为一家，也不是华为先人一步看到的，然而在全球人才观这个层面，恐怕只有华为等极少数企业达标，它们建立了国际化的人才招募和培养机制，这是一种借助世界的力量去复制奋斗者的方式。这种自成一体的人才观和文化观，便是华为聚敛人才的制胜法宝。

培养奋斗者就是促进华为内部的血液循环，给优秀的骨干分子赋予新的能量，绝对不让人才出现断层。只有将有经验的人改造成新人，才能为华为注入更多的新鲜力量。从本质上看，"复制奋斗者"就是要进行合理的人才储备。人才储备是企业精英分子的重要转换机制，这个体系包含的不仅仅是市场，还有研发、管理、供应等各个部门，要通过建立一个强大的组织进行高效的运行，这样才能将优秀的精英培养起来，训练他们如何作战，然后经过一线战场的检验再真正转化为"奋斗者"。

日本的丰田有一句名言：制造产品的关键是培养人才。人才是企业品牌价值的直接推动者，没有系统的人才培养机制，就容易出现人才断层，所以需要企业进行合理的人才储备。

人才储备是华为聚焦未来的一种新型战略思维和运行方式，是为了促进华为内部改革的需要，更是为了减缓华为衰退的重要手段。为了避免干部流动的板结化（用土壤板结来比喻干部长期不流动造成的思想僵硬）和结构老化，必须让奋斗者精神不断扩大并深化，让所有人都能接受新事物和新观点，保持强大的学习能力。

培养奋斗者最直接的手段就是将员工不断向一线战场输出，让他们目睹奋斗者是如何在前方作战的，这样才会让他们产生危机感，才会给他们绽放光彩的机会。如果都是躲在后方享受着空调和茶水，即便天生是一个奋斗者坯子，也会被环境消耗成平庸无能之辈。

任正非认为，企业这个集体是没有生命的，却是由有生命的人组成的，华为的血液在持续更新，这就是华为赖以生存的自身条件。那么，当一个个奋斗者被复制成功之后，该如何正确发挥他们的才能呢？

首先，对于刚培养出来的奋斗者，要给他们获取利益的机会，这样才能激发他们的斗志；其次，要拿出一部分利润组织这些奋斗者参与各项任务，哪怕是最终没有成功也要尝试，企业不要害怕有失败的项目，因为害怕失败比失败本身更可怕；最后，不要去讨论各个部门的接班人问题，要让每一个人都能看到向上的机遇和希望。

在任正非看来，美国是自由化程度较高的国家，它的思想和商业文明十分辉煌，然而在这辉煌之外体现的是另一个特点：混乱。这种混乱是自由思想和自由经济的产物，它能够促进社会文明程度的提高，但需要有一个强有力的组织者，来保证这个国家能够朝着正确的方向发展。一直以来，美国的各个名牌高校中都聚集了大批的精英，他们不断产生先进的思想，帮助整个国家在思想意识层面实现统一。这就是将奋斗者精神提升到了一个战略高度，通过国家的力量普及先进思想，而华为正需要通过这种模式去锤炼、壮大自己的队伍。

华为正在将人才储备覆盖到各个体系当中，因为只有这样才能充分传递奋斗者的精神，组织不同的训练内容，通过严格的考试给全体员工以压力，让他们爆发出潜藏的能量。华为的内部培训体系十分科学，既有公共训练平台，也有专业训练模式，针对不同的岗位有不同的训练内容和训练方法，由此培育出了许多多样化的人才。

为了避免华为的预备人才过于依赖培训时期所学习的理论，华为还要对"奋斗者"进行训战结合，既让他们能随时加入战斗，又给予他们磨炼战斗力的机会。更重要的是，华为不会向他们灌输空洞的理想和主义，而是让他们的成长更接地气，更符合华为的企业发展逻辑，从而培养出闪现人性光辉并传承企业精神的奋斗者。

谁是下一个米开朗琪罗

曾经有人提出过一个问题：商业和艺术，到底是不是水火不相容呢？其实不然，商业追求的是经济价值，而在其中增加一些艺术元素，无疑会扩大商品的价值和市场；对于艺术而言，它本身追求的文艺价值和社会价值，如果再增加一定的商业实用性，显然会让艺术流传得更广，其内在的价值自然也随之水涨船高。

18世纪中期，欧洲的音乐开始走向商业化，从海顿到莫扎特，这些艺术巨匠的很多作品都是当时各大音乐厅和各种组织的私人委约作品。正因为此举才将艺术作品商业化，才让音乐成为一种平民化的娱乐活动，让很多优秀的乐谱在市场和民众之中广为流通和传承，让音乐家的作品被更多人所熟知。今天，一个企业如果能将产品巧妙地加入艺术元素，不仅会扩大和市场及消费者的接触面，甚至还能提升产品的格调和内在价值。

人们总是给华为冠以"豪门翘楚""技术企业"等称号，其实华为不仅拥有着海量的专利技术，更具有着一种"文艺青年"的气质。华为做产品不仅仅追求炫酷的科技力量，也十分在意产品能否体现出优雅柔美的文艺特色。经历了多年的摸爬滚打之后，华为也逐渐成长为一个技术型的艺术家。

华为的艺术范体现在华为手机的宣发上，在P7手机上市期间，华为在广告上下了一番功夫，为了突出这款手机的超高颜值，华为将P7与《孔子家语·在厄》中的"芝兰生于深林，不以无人而不芳；君子修道立德，不谓穷困而改节"作为P7的宣传口号。

华为的Mate7是当年华为冲向高端市场的旗舰之作，它的标语是"爵士人生"，其中加入了华为精心策划的一段文字："生命如一曲爵士，不必在意何时开始，何时结束。华为Ascend Mate7——聆听内心与世界的融合。"从这段文字中能够隐约感受到手机、人生以及世界的奇妙关联，让人忍不住尽情遐想。后来，Mate7在市场上大卖，这不仅要归功于华为在这部手机上投入的技术成本，还因为其中蕴藏的哲思与情怀。

华为借助近几年兴起的"国学热"，利用传统文化的强大感召力对消费者产生文化熏陶和思想洗礼的作用，可谓用心良苦。因为从美学的角度来看，那些因为缺乏哲学思想积淀的艺术形态，往往不具备较长的生命力，也缺乏文化内涵。换个角度来看，华为已经不单纯是在做手机了，而是通过手机去传递一种文化、一种对美的理解和开悟。

华为不仅将广告发布和传统国学、流行文化等元素结合到一起，更在产品中注入了清新、唯美和前卫的文化内涵。比如华为G6的MV主题是"爱的旅程，不孤单"，简单的七个字，展示出一段温馨惬意的求爱之旅，让消费者看了这则MV之后，会产生一种轻松惬意之感：在G6的伴随下人生或许会变得如此不同。走流行时尚路线，其实是为了迎合年轻的消费群体，年轻人身上自带着青春的激情，只有用浪漫和诗意的美才能更真实地打动他们。仅凭这一点，就可以看出华为在细分用户市场方面真是下足了功夫。

能够成功地对产品进行恰当的形象塑造，让华为的每一款手机都成为贴上不同标签的艺术品，让不同需求的消费者可以尽情选购能够打动自己的那一款，这正是商业艺术的巨大成功，也间接地丰富了华为的企业文化，提升了产品的格调。

华为P8上市之后，华为营造了一种追忆"似水流年"的情怀。当时华为投放的一则广告是"受伤的芭蕾脚"，画面上是一双跳芭蕾舞者的演员的脚，一只脚穿着光鲜亮丽的舞鞋，然而另一只脚却是赤裸且布满伤痕，广告文案是"The journey is hard. And joyful"（中文翻译为"我们的人生，痛，并快乐着"）。这句广告词并非是强行加上去的，而是根据普鲁斯特的小说《追忆似水流年》而设定的，起到了呼应主题的作用。从大众审美的角度看，人们对文学艺术始终怀有一种崇敬之心，虽然《追忆似水流年》这部小说很多人并没有看过，但很多人都知道它是"意识流小说"的鼻祖，是世界文学史上的一座里程碑。华为将画面的艺术和文学的艺术合二为一，本质上是想在细分用户群体的基础上将用户继续重叠，让华为手机的文艺内涵更加丰富，更能撼动人心。

产品的宣传和设计本身就是一门交叉科学，既包含了营销学的理论，也包含了美学的知识。然而现在一些企业并不能抓住重点，要么过于营销而缺乏高雅的美，要么过于强调艺术而忽视了营销。更有甚者学了个四不像，让消费者无法发现产品中蕴藏的美，产品自然也就失去了对市场的吸引度和曝光度。华为在产品艺术传播的环节上，能够兼容营销和美学的双重优势，所以准确地掌握了它们的核心要领，俨然成了一个既通商业又懂艺术的大师。

华为的P10系列宣传标语是："每一拍都是大片。"这个主题既有高大上的情怀，也有深厚的文化内涵。为了准确地传递出主题理念，华为丝毫不敢怠慢，严谨地对广告MV进行了极其精准的构思，片中主演的每一个动作好像拿着的都是一部单反相机而并非是普通的手机，可见其格调之高。与此同时，华为联合知名配色机构潘通同步发布的钻雕蓝和草木绿两款配色让不少消费者眼前一亮，甚至仅仅隔了一天就被其他厂商来了一次"抄袭"。

如今，华为在技术和营销一并成长的同时，已经逐步将自己打造成了一个吸纳了流行元素和时尚深度的艺术大咖。也许华为在艺术领域的造诣还有待提升，然而和国内很多企业相比已经迈出了一大步，比如华为的广告风格，无论在观念上还是设计上还汲取了一部分欧美时尚元素，已经走在了很多国内企业的前列。很多迹象已经表明，华为正在从一个技术起家的"科技宅男"变成一个绰约多姿的"文艺女"，华为设计的不仅仅是手机，而是一件件精美的艺术品。

懂得灵活而不是恶搞地使用商业艺术，从而去赢得消费者的好感，这是现在很多国内企业很难做到的，然而华为却准确地把握住了产品宣传环节中的审美情趣、文化内涵、描述传播等多个组成部分，让关注华为的铁杆粉丝们"怦然心动"，也让并不关注华为的路人们能为之眼前一亮,这正是华为的企业魅力所在。这样的魅力,既能够赢得用户的"芳心",也体现出了华为追求极致的产品观、市场观和用户观,这或许就是颠覆之美的力量吧!

任正非曾说:"世界上一切资源都可能枯竭,只有一种资源可以生生不息,那就是文化。"华为人的开拓意识、创新思维、实干态度以及坚韧毅力,都是在企业文化的熏染下历经风雨磨砺而成的。这一文化的内核,立足于中国传统思想的精髓,从国内经济的客观环境出发,汲取西方企业的实践经验,不循规蹈矩,不冒进盲从,在失败中探索,在总结中成功……它以强大的感召力引领着每一个华为人昂首阔步、砥砺前行。